Le procès de l'Europe

Jean-François Mattéi

Le procès de l'Europe

Grandeur et misère de la culture européenne

PHILOSOPHICA
Collection dirigée par Charles Le Blanc

Les Presses de l'Université d'Ottawa
2011

uOttawa

Les Presses de l'Université d'Ottawa reconnaissent avec gratitude l'appui accordé à leur programme d'édition par le ministère du Patrimoine canadien en vertu de son programme d'aide au développement de l'industrie de l'édition, le Conseil des Arts du Canada, la Fédération canadienne des sciences humaines en vertu de son Programme d'aide à l'édition savante, le Conseil de recherches en sciences humaines du Canada et l'Université d'Ottawa.

CATALOGAGE AVANT PUBLICATION DE BIBLIOTHÈQUE ET ARCHIVES CANADA

Mattéi, Jean-François
Le procès de l'Europe : grandeur et misère de la culture européenne / Jean-François Mattéi.

(Philosophica, ISSN 1480-4670)
Comprend des réf. bibliogr.
ISBN 978-2-7603-0768-1

1. Europe--Civilisation. I. Titre.
II. Collection: Collection Philosophica

CB203.M38 2011 940 C2011-905575-9

« Le secret de l'Europe,
c'est qu'elle n'aime plus la vie. »

Albert Camus

TABLE DES MATIÈRES

INTRODUCTION

La barre des accusés

Le titre de cet ouvrage est provocant, cela va de soi. Le lecteur voudra bien croire que je l'ai choisi à dessein. Il aurait été encore plus provocant si j'avais intitulé mon livre, à la façon du XVIIIe siècle, *De la supériorité de la culture européenne.* Notre époque, qui est d'autant plus libérée des tabous qu'elle reste enfoncée dans ses préjugés, ne l'aurait pas pardonné à l'auteur. Aurais-je seulement été édité ? Et pourtant ! La vocation de la philosophie ne tient-elle pas à la pro-vocation ? *Pro-vocare,* en droit romain, c'est « en appeler à quelqu'un », ici au lecteur, sinon au peuple, comme dans le *provocare ad populum* de Cicéron. C'est ébranler les opinions reçues, inciter à la réflexion en instaurant une rupture dans l'ordre, ou le désordre, des choses afin de rétablir un accord. Provoquer, c'est évoquer la vérité, plus encore l'invoquer, ou, mieux, la convoquer à la barre afin qu'elle prenne la parole. Et c'est précisément ce qu'a fait la conscience européenne au long des siècles, tour à tour parole, critique, démonstration, réfutation, toujours dialogue et bientôt dialectique sur ce champ où les duellistes viennent croiser le fer, le champ de l'universel qui est notre partage commun.

Et ce partage a été, reste encore sans doute, celui de l'Europe bien qu'elle l'ait proposé, ou imposé, à l'ensemble du monde. On le lui reproche aujourd'hui, en un temps de mondialisation, comme si l'Europe était coupable d'avoir été ce qu'elle a été : la matrice de l'humanité actuelle. J'ai beau avoir ajouté l'adjectif « actuelle », on me fera grief d'avoir limité l'humanité à la seule Europe. Je ne l'ai pourtant pas écrit et je suis loin de le penser. Mais Husserl, que personne n'a voué aux gémonies, oui : il n'hésitait pas à assigner à l'humanité européenne, dans sa célèbre conférence de Vienne, la tâche philosophique d'être « la fonction archontique de l'humanité entière[1] ». Pour le philosophe allemand, seule la figure spirituelle

1. E. Husserl, « La crise de l'humanité européenne et la philosophie » (7 et 10 mai 1935), *La Crise des sciences européennes et la phénoménologie transcendantale*, Paris, Gallimard, 1976, p. 371.

de l'Europe a été porteuse d'une fin infinie depuis la fécondation grecque. Le temps d'incubation de cette idée européenne a été long, plus long encore que celui dont parlait Heidegger à propos du principe de raison, c'est-à-dire de la prise de conscience de la rationalité à l'époque de Leibniz. Il a fallu en effet attendre le XVIIe siècle pour que l'humanité se trouve une première fois mondialisée, ce qui prendra plus tard le nom de mondialisation n'étant que l'européanisation, ou l'occidentalisation, de tous les peuples. J'y reviendrai plus à loisir.

Le pari de l'Europe

Ce que j'avance ici, en dépit d'une prudence d'écriture qui ne m'absoudra pas, est justement ce que personne ne veut entendre aujourd'hui au procès de l'Europe. Pourtant des penseurs de haut rang ont témoigné depuis une trentaine d'années en faveur de sa culture. George Steiner, Massimo Cacciari, Czeslaw Milosz, Milan Kundera, ou Jacques Dewitte, pour ne citer qu'eux, ont écrit des pages admirables sur l'Europe, dans la lignée de Stefan Zweig, de Julien Benda ou de Denis de Rougemont. Mais, en dépit de leur renom et de leurs analyses, ils n'ont pas convaincu les accusateurs de renoncer à leurs poursuites. On ne saurait, sans violer une loi non écrite, prendre la défense d'une Europe privée de toute humanité qui se retrouve seule à la barre des accusés. Le plus étrange, dans ce procès d'inquisition où le prévenu doit répondre d'une culture qu'on lui impute à crime, c'est que l'accusation elle-même est européenne, ainsi que le jury et les principaux témoins, une grande partie du public et, bien entendu la juridiction du tribunal. L'Europe comparaît devant elle-même et devant sa descendance occidentale, en premier lieu en Amérique, qui ne reconnaît sa filiation que pour accuser sa génitrice de l'avoir enfantée. Le procès est d'autant plus étrange qu'on ne sait pas comment il a commencé, même si on pressent quels sont les crimes dont on charge le prévenu. Tout se passe comme dans le roman de Kafka : Joseph K. ne comprend pas ce que la justice lui reproche ; mais il finit insensiblement par accepter sa mise en examen, le déroulement de la procédure, sa condamnation secrète, et, ultime point d'orgue, son exécution.

Singulier retournement ! Il suffit de lire les grands auteurs du XIXe siècle en Europe et en Amérique pour constater qu'ils n'avaient guère de doute sur la grandeur de leur civilisation, Victor Hugo en tête, mais aussi Hegel, Guizot, Michelet, Baudelaire,

Poe ou Auguste Comte. Il y avait bien, çà et là, quelques voix discordantes, Marx en tête, mais elles appartenaient, comme les voix approbatrices, à cette Europe enserrée dans ses anciens parapets. Montaigne avait déjà, trois siècles plus tôt, condamné les exactions des Espagnols en Amérique et établi que les barbares n'étaient pas uniquement ceux que l'on massacrait. Il ne sera pas le seul à provoquer l'Europe en lui montrant ses crimes sans complaisance, et sans faiblesse. Mais sa provocation, apte à réveiller les consciences engourdies, était issue d'un humanisme martial et joyeux, comme le stoïcisme que lui reconnaissait Nietzsche, un humanisme qu'il imputait à la conscience européenne. C'est au nom des principes de l'Europe que l'auteur des *Essais* jugeait les Européens, comme Las Casas l'avait fait, pour l'honneur de l'Église et de l'Espagne, au nom de l'humanité entière. Et cette humanité était issue d'un enseignement diffusé dans les salons, les cours et les universités de l'Europe.

Quand Montaigne reconnaissait que « chaque homme porte la forme entière de l'humaine condition » en proposant à son lecteur de partager son « être universel[2] », il ne s'inspirait pas de la morale inca ou de la religion aztèque, moins encore

2. Montaigne, *Les Essais*, III, 2, « *Du repentir* ».

de préceptes bouddhistes ou de sentences taoïstes. Il se contentait d'affirmer que l'homme n'était peut-être pas un « être », mais seulement un « passage », un passage qui, cependant, lui permettait d'accéder aux autres hommes. Point de nature humaine, certes, enfermée en soi comme en une capsule, ce que reprendra Sartre, mais une condition qui, pour soi et pour tous, se trouve universellement partagée. Un humanisme issu du monde antique et inspiré de l'enseignement chrétien, même si Montaigne parle peu du Christ : telle était la croyance de celui que l'on tient toujours pour un sceptique. *Sceptique*, Montaigne ? Peut-être dans le sens premier du grec *skepsis*, la « vue » et l'« observation », avec le sens de guetter et de chercher à voir ; non pas le doute, alors, mais l'examen et la mise en question. Le sens dubitatif est second par rapport au sens *scopique* du terme qui implique un regard en direction de la chose à examiner. « Que sais-je ? » était sa formule, comme on sait. Mais c'était déjà l'interrogation de Socrate, à l'heure de sa mort, quand il évoquait l'horizon de l'ultime pari, celui d'un beau risque à courir, selon ses derniers mots. C'est là le risque qu'a pris l'esprit européen.

L'Europe a été, et mérite encore d'être ce beau risque à courir, et non ce beau crime à punir. Qui dit risque dit danger, et le danger le plus grand, pour une civilisation comme pour un homme, c'est de perdre son identité ou, plus justement dit, son âme. Il est frappant de voir que, pour des penseurs comme Paul Valéry, Simone Weil, Edmund Husserl et Jan Patočka, ou des politiques comme François Mitterrand et Vaclav Havel[3], l'Europe a été identifiée à une âme. Qu'entendre par ce vieux mot que l'invention de la psychanalyse – Freud utilise bien le terme d'âme, *Seele* – n'a pas tout à fait sauvé de l'oubli ? Une âme, qu'on la ramène à son origine grecque, *psuché*, ou latine, *anima*, est le principe d'animation d'un être qui lui donne le mouvement. On peut l'interpréter, comme le faisait Aristote, biologiquement, et l'âme sera le principe vital de l'ensemble du monde animal. On peut l'interpréter encore, comme l'a voulu Platon, cosmologiquement, et l'âme sera l'énergie qui assure l'équilibre du monde, le ciel profond comme les âmes humaines qui sont des poussières

3. Pour François Mitterrand, l'exigence européenne de liberté vient de « quelque chose d'indéfinissable que certains appelleront l'âme ou l'esprit, et qui donne l'explication des choses », F. Mitterrand – V. Havel, *Sur l'Europe*, La Tour d'Aigues, éditions de l'Aube, 1991, p. 12 et p. 15.

d'étoiles. On peut l'interpréter surtout moralement, et ce sera l'enseignement de la pensée européenne, chez Socrate, Platon, Marc Aurèle, Plotin, plus tard chez Augustin, Descartes, Leibniz, Rousseau et toute la tradition philosophique, poétique et romanesque jusqu'à Proust. Jan Patočka, pour sa part, n'hésitera pas à centrer la pensée de l'Europe, disons même sa vie à cœur battant, sur le thème du « soin de l'âme ». Que signifie cette expression et comment anime-t-elle le visage de l'Europe ? Les autres civilisations n'auraient-elles pas eu ce même souci et n'auraient-elles pas connu ce principe de purification qui accorde l'existence et la dignité à ceux qui le possèdent ? Je reviens dans les pages qui suivent sur ce souci de l'âme qui, pour bien des penseurs, a scellé le destin de l'Europe quand elle a pris le visage de l'humanisme.

La grandeur de l'Europe

J'ai donné comme sous-titre à ce livre *Grandeur et misère de la culture européenne.* On pourra soupçonner que, sous ce terme de grandeur, j'entends hypocritement celui de supériorité. Nous envisagerons plus loin ce qu'il en est du concept équivoque de supériorité quand il est appliqué à un peuple ou à une civilisation. Le lecteur objectera que la supériorité ne concerne que des réalités concrètes dont les forces, et les résultats, sont mesurables, et non ces abstractions que sont les cultures ou les civilisations. Je ne discute pas de cela d'autant que mon propos n'est pas de conforter l'Europe dans un orgueil arrogant, ni de mépriser les civilisations passées et les cultures présentes ou à venir. Bien au contraire. Je tente seulement de comprendre ce qui a fait la grandeur de la culture européenne quand bien même elle aurait transmis le flambeau aux autres cultures. On peut d'ailleurs se demander s'il existe encore des cultures vraiment différentes dans ce processus accéléré de mondialisation qui semble interdire tout retour en arrière. Certains le pensent et, qu'ils acceptent ou non l'hypothèse d'un choc des civilisations, continuent de croire en la constitution d'une civilisation mondiale installée à demeure dans l'universel. On a ainsi reproché à Francis Fukuyama, pourtant à la lisière de la culture japonaise et de la culture américaine, son concept de « fin de l'histoire » instauré par le consensus universel sur la démocratie que la Grèce, l'Europe puis les États-Unis ont apportée au monde[4].

---

4. F. Fukuyama, *La Fin de l'histoire et le Dernier Homme*, Paris, Flammarion, 1992.

Ce n'est ni ma position, ni mon intention. J'essaie, pour une part, d'appréhender les principes de la culture européenne en postulant qu'*il y a* bien une culture européenne, comme en témoignent d'ailleurs ceux qui l'accablent, et en montrant que, dans son sens strict, l'idée de « culture » est d'essence purement européenne. Si, à nos yeux, toutes les civilisations possèdent une culture, c'est parce que nous avons posé sur les sociétés que notre culture a pris en compte, à l'aide de l'anthropologie, le regard critique que les Européens ont inventé. Et j'essaie, pour une autre part, d'établir que ces principes universels gardent aujourd'hui la même fécondité qu'hier, du moins si nous sommes fidèles aux idéaux qui nous ont faits ce que nous sommes. Nous avons beau les ignorer, ou les dédaigner; c'est sur eux que se fondent notre ignorance et notre dédain. Il s'agit donc, comme on dit, de les revisiter et de revenir à leur source. Heidegger le rappelait dans sa méditation de *Qu'appelle-t-on penser ?* « Sans un retour continuel aux sources, les seaux et les tonneaux demeurent vides, ou leur contenu demeure éventé[5] ». François Mitterrand utilisait la même image à propos de l'Europe

5. M. Heidegger, *Qu'appelle-t-on penser ?*, Paris, PUF, 1959, p. 142.

dans son discours d'Aix-la-Chapelle le 9 mai 1991 : « Faut-il s'étonner qu'au sortir d'une guerre idéologique qui a duré presque autant que le siècle [...] nous ayons besoin de revenir aux sources toujours vivantes de notre commune identité[6] ? »

Je brode ici quelques variations personnelles sur un thème constant de la partition européenne, en mode majeur, tout en réharmonisant une mélodie qui n'a jamais cessé d'être jouée. On peut aussi changer de registre et préférer les images visuelles aux images musicales. Fernand Braudel, dans sa *Grammaire des civilisations,* caractérisait les œuvres maîtresses de notre culture par l'expression d'« unités brillantes ». Cette métaphore, que l'historien utilisait pour manifester la substance de la civilisation européenne, renvoie à ce mythe solaire qui, de la Grèce apollinienne aux Lumières européennes, n'a pas cessé d'éclairer la condition humaine. On est en droit de penser que l'universalité mise par les Européens sous cette condition reste, quels qu'en soient les dangers, le partage de tous les hommes.

---

6. F. Mitterrand – V. Havel, *Sur l'Europe, op. cit.*, p. 15.

Le projet de l'Europe

Le procès imputé à l'Europe met en cause sa spécificité culturelle plus que sa politique impérialiste, le succès de celle-ci n'ayant été possible que grâce à la puissance de celle-là. Aussi je me tiendrai à l'identité d'une culture qui se voit niée aujourd'hui au motif que tout repli identitaire est condamnable dans la mesure où il se ferme à ses altérités. Pour dénoncer cette absence d'ouverture et dénier à l'Europe le droit de posséder une identité, on la vide préalablement de tout contenu intellectuel. Et, pour faire bonne mesure, on supprime ses racines en occultant son histoire, comme l'a montré récemment Françoise Bonardel après Simone Weil[7]. Il est frappant de voir que les adversaires de l'identité européenne, dans la centaine d'ouvrages que j'ai consultés, ne mentionnent jamais la moindre *œuvre* pour appuyer leur critique, comme si la culture européenne était privée de toute substance. Mais si vous enlevez à l'Europe, désormais un mot vide de passé, les œuvres qui relèvent de la religion, de la philosophie, de la science, de la littérature, de la

7. F. Bonardel, *Des Héritiers sans passé :* chapitre II, « Culture et enracinement : un verrou idéologique », Paris, Les Éditions de la transparence, 2010.

musique, de la danse, de l'architecture, de la peinture, de la sculpture et de toutes les formes de création, bref, si vous l'amputez de toute son humanité, que restera-t-il de son projet humaniste ? Ses institutions juridiques, son organisation politique et son espace économique sur un territoire incertain ? Ce serait oublier que le droit, la politique et l'économie ont été tributaires des œuvres qui les ont pensés, théorisés, critiqués, et finalement réalisés.

Avant de constituer « un espace de prospérité, de démocratie, de primauté de la règle de droit et des droits de l'homme », selon la formule qui présente l'Union européenne sur son portail d'Internet, et d'institutionnaliser son Conseil, son Parlement, sa Commission, sa Cour de justice, sa Cour des comptes et sa Banque, flanquée de ses organes financiers, ses organes consultatifs et ses diverses agences, l'Europe a été un projet politique. Il a été pensé et préparé pendant des siècles par des souverains et des humanistes qui s'appuyaient sur un patrimoine commun. Les historiens font remonter au XIVe siècle l'usage politique du mot « Europe » qui va remplacer le terme religieux de « chrétienté ». C'est le pape Pie II, le grand humaniste Silvio Piccolomini, qui utilisa le premier ce terme dans sa lettre au sultan Mahomet II où il lui proposait de reconnaître l'Empire ottoman en échange d'une conversion qui lui vaudrait l'admiration de « toute l'Europe[8] ».

Après la chute de Constantinople en 1453, le roi de Bohème rédigea un projet de confédération qui sauverait la chrétienté en constituant une communauté de tous ses royaumes. Chaque nation enverrait ses représentants siéger cinq ans dans des villes différentes et l'Assemblée aurait un Conseil et un Président auquel obéiraient les princes européens avec le même droit de vote. Une monnaie unique était déjà prévue pour rétribuer l'armée des monarchies européennes. D'autres projets d'Union, en premier lieu celui d'Élisabeth d'Angleterre et d'Henri IV pour constituer un Conseil de l'Europe, sur le modèle des amphictyonies de la Grèce, ne manqueront pas au cours des siècles sans jamais aboutir. Le projet le plus ambitieux fut celui de l'abbé de Saint-Pierre dont le *Projet de paix perpétuelle* influencera Rousseau et Kant. Pour aboutir à une paix entre tous les peuples, l'abbé proposait de constituer une Union européenne dotée d'une constitution qui réunirait dix-huit souverainetés chrétiennes. Le commerce de

8. Enea Silvio Piccolomini (Pie II), *Lettre à Mahomet II*, Paris, Rivages, 2002.

nation à nation permis par un « arbitrage perpétuel » déboucherait nécessairement, du fait d'un « congrès perpétuel », sur une paix elle-même « perpétuelle ». Tous ces projets d'unité de l'Europe étaient commandés par un sentiment d'appartenance à une même communauté, à l'origine chrétienne et ensuite laïque, qui se trouvait unie par une même foi dans sa conception de l'homme.

La dénégation de l'Europe

Il n'est pas certain que cette foi soit encore vivace chez les dirigeants européens. Ils semblent incapables d'instaurer une unité politique plus ambitieuse que celle d'une zone économique de libre-échange. Elle pourrait s'ouvrir indéfiniment au-delà des 27 membres actuels sans la moindre considération pour leur culture passée. Les peuples européens croient-ils d'ailleurs en un héritage commun à partir de leurs patrimoines particuliers ? Deux décisions de l'Union européenne permettent d'en douter. Alors que toutes les monnaies de l'histoire ont été frappées d'un emblème qui figurait l'identité de leur pays, les billets de l'euro sont, pour la première fois, dénués de tout signe représentatif de l'Europe. Ils ont été privés, lors de la création de l'euro à Madrid en 1995, de la présence d'une œuvre d'art *réelle* créée par des artistes européens. On a mis à leur place des portails, des fenêtres ou des ponts *virtuels* dont la vacuité n'évoque rien à personne, d'autant que les visages humains, ceux de Pascal, de Corneille, de Pasteur, de Debussy ou de Berlioz, qui éclairaient les billets de banque français, ont tous disparu. On aurait attendu que l'euro renforce la communauté des valeurs européennes en frappant les effigies de Léonard de Vinci, de Shakespeare, d'Érasme, de Cervantès ou de Beethoven. Ils ont été eux aussi effacés de notre souvenir pour promouvoir l'idée d'une Europe dénuée de passé.

En second lieu, le refus d'inscrire le patrimoine chrétien dans la Constitution européenne témoigne d'une volonté de nier une partie de son histoire au moment où le devoir de mémoire devient impératif pour les crimes prêtés à l'Europe. Pourtant, les Pères fondateurs de l'Union européenne se réclamaient tous du christianisme, Robert Schuman en premier lieu, mais aussi Alcide de Gasperi et Konrad Adenauer, et ne réduisaient pas l'identité de l'Europe à la Haute Autorité du Charbon. Je renvoie, dans la lignée de l'essai du poète allemand Novalis *L'Europe ou la chrétienté*, aux analyses irréfutables de Joseph Halevi Horowitz Weiler, titulaire de la Chaire Jean Monnet à l'Université de New York et spécialiste du droit européen, sur la christophobie actuelle de l'Europe. « L'Europe est en *dénégation*; elle refuse de reconnaître une part de son identité, dans la mesure, où, dans la discussion sur sa propre identité, elle met à l'écart les termes "chrétien" ou "christianisme" devenus de véritables tabous »[9]. Et l'auteur de montrer que la communauté éthique de l'Europe est incontestablement imprégnée, dans sa sensibilité comme dans ses œuvres, de l'héritage chrétien au même titre que de celui des Lumières.

Les pages que je consacre à la civilisation européenne, à l'Idée qui a commandé sa démarche de connaissance, à sa découverte des autres cultures, et bientôt à l'histoire de la colonisation, cherchent à établir en quoi la crise de notre culture, loin d'être une question gratuite, nous concerne tous aujourd'hui. Il s'agit de voir si le procès que l'on intente à l'Europe, le plus souvent par des Européens ou des descendants d'Européens, est moralement justifié. Un grand nombre de penseurs, notamment dans l'Europe de l'Est, ont refusé de faire ce procès à la culture humaniste qui les avait protégés contre le

9. J. Weiler, *L'Europe chrétienne ? Une excursion* (2005), Paris, Cerf, 2007, p. 15.

communisme. Ils ont regretté que leurs frères de l'Ouest ne croient plus désormais en leur héritage. Le philosophe tchèque Karel Kosik déplorait ainsi que l'Europe de la Grèce, du christianisme et des Lumières, celle de Diderot, de Mozart et de Kant, ne soit plus qu'un souvenir lointain. Après l'effondrement des totalitarismes nazi et stalinien, il s'inquiétait de voir un mal plus insidieux ronger l'Europe de l'intérieur. « Le mal de Munich », comme il le qualifiait, tenait aux renoncements des élites européennes devant la montée du nihilisme culturel : « C'est par *rien* que nous sommes menacés tous, l'Europe et nous-mêmes ! Ce “rien” représente la plus grave menace pour le siècle à venir[10] ».

Dans l'accroissement toujours plus intense de l'accessoire au détriment de l'essentiel, du passager au détriment de l'éternel, de l'événement au détriment de l'histoire, Kosik voyait le signe de l'effacement insensible de notre culture commune. Alors que l'Europe s'était dotée d'une architecture intellectuelle qui ordonnait le champ de la pensée et le domaine de l'action dans un souci constant

10. K. Kosik, « Un “troisième” Munich ? », *La Crise des temps modernes. Dialectique de la morale*, Paris, Les Éditions de la Passion, 2003, p. 117. *Rien* est souligné par l'auteur.

d'humanisme, elle se voue aujourd'hui à « la négation de l'architectonique ». Si l'abandon accepté de ses formes culturelles emplit l'âme de l'Europe d'un « trop-plein de vide[11] », il nous revient de ne pas y souscrire sans avoir d'abord examiné les pièces du procès.

11. K. Kosik, « Un "troisième" Munich ? », *La Crise des temps modernes*, *op. cit.*, p. 114.

I

La civilisation européenne

Faisons un rêve. Imaginons qu'un magicien, peut-être le magicien d'Oz, supprime en une nuit tout ce qui fait le monde actuel. À notre réveil, nous constaterions que l'électricité a disparu avec le pétrole, le gaz et l'énergie nucléaire, la machine à vapeur et le moteur à explosion, le chemin de fer et l'aviation, la photographie, le cinématographe, la radiodiffusion et la télévision, et, bien entendu, les satellites et Internet. Il n'y a plus d'économie, ni d'industrie, peu de commerce international et moins encore d'échanges monétaires. Les écoles n'existent plus, comme les universités et les centres de recherche, mais aussi les hôpitaux et la Croix-Rouge, les journaux et les livres, les bibliothèques et tout ce qui relève de la communication. Notre magicien a supprimé également la vie politique et la démocratie, l'État de droit, les droits de l'homme et l'ONU, la morale universelle avec la protection sociale et, pour faire bonne mesure, ce qui touche à la réflexion philosophique et à la spéculation intellectuelle.

Avec l'ensemble de la technologie, les usines et les gratte-ciels, les avions et les fusées, la radiographie et le scanner, les transistors et les ordinateurs, les téléphones fixes et les smartphones portables se sont évanouis. Quant aux moyens de transport des hommes et des objets, il ne reste plus que les bateaux à voile, les pirogues et les voitures à chevaux, car le magicien a supprimé les bicyclettes, les navires à vapeur, les automobiles, et même la simple brouette, dont on discute l'invention en Chine avant que la tradition l'attribue à Pascal, comme l'idée des carrosses à cinq sols ou des autobus, de la machine à calculer et de la montre-bracelet. Il n'y a plus d'exploration de la terre et des océans, ni de conquête de l'espace. Que resterait-il à l'humanité privée d'un coup de toutes les inventions apportées au monde ou perfectionnées par les Européens durant les cinq derniers siècles? Les activités agricoles, la chasse et la pêche, les religions et les prières, la danse, la musique, la poésie et les mythes, tout un monde merveilleux, certes, mais où il ne fait bon vivre que pour ceux qui n'y sont pas contraints.

L'héritage européen

Comme l'écrivait Paul Valéry, tout est venu à l'Europe et tout en est venu depuis les héritages grec, romain et chrétien qui ont été diffusés au-delà du continent sur la terre entière. Que les civilisations soient mortelles, certes, l'histoire nous l'a appris. Que la civilisation européenne ait contribué à ces disparitions, l'histoire nous l'apprend aussi. Mais l'ampleur de cette victoire, ainsi que la permanence de sa suprématie, reste une énigme pour les peuples européens et une humiliation pour les autres peuples. On peut contester l'impérialisme d'une civilisation qui a introduit la totalité des inventions scientifiques et techniques depuis la Renaissance, ou qui a intégré, après les avoir perfectionnées, celles des autres civilisations comme la médecine rationnelle a pris en charge l'acupuncture empirique de la Chine. On ne saurait nier la fécondité d'un continent qui a imposé ses normes intellectuelles, politiques et morales à l'ensemble de la planète.

Considérons d'abord les inventions techniques qui ont permis à l'homme d'utiliser les énergies de la nature à son profit. Les outils, le feu, l'agriculture, les métaux et la roue étaient utilisés par l'homme depuis plusieurs milliers d'années; leur invention se perd dans la nuit des temps. L'Inde a été l'un des premiers foyers d'innovations scientifiques aux époques historiques, qu'il s'agisse du calendrier de douze mois, de l'algèbre et de la géométrie, du zéro et des nombres négatifs, ainsi que du système décimal. La Chine a été davantage tournée vers les innovations techniques avec l'horloge astronomique, la ferronnerie, les allumettes, la porcelaine, le papier-monnaie, la soie ou la laque. Les Chinois se montrent surtout fiers de leurs « quatre grandes inventions » : le papier, l'imprimerie à caractères mobiles, la boussole et la poudre à canon, qui ont fait l'objet, on s'en souvient, d'une présentation spectaculaire aux Jeux olympiques de Pékin en 2008. Il semble que les découvertes asiatiques aient connu un ralentissement à partir du XIIe siècle après J.-C. avant que l'Europe de la Renaissance prenne le relais et, s'appropriant certaines inventions, les modifiant ou les redécouvrant, développe une série d'innovations théoriques et pratiques de plus en plus nombreuses sur un rythme accéléré et, depuis le XXe siècle, exponentiel. Elle se substituera ainsi aux civilisations qui l'ont précédée pour constituer à elle seule ce que Husserl a nommé l'« humanité européenne ».

Qu'on en juge. Les Européens ont apporté au monde depuis le XVe siècle, pour n'indiquer que les inventions les plus importantes, et dans un désordre savant : la lunette astronomique, le thermomètre et le baromètre, la machine à calculer et le journal, la machine à vapeur et la transfusion sanguine, le paratonnerre et le métier à filer, le sous-marin et l'aérostat, la turbine à gaz, la dynamite, la télégraphie et la boîte de conserve, la vaccination, le parachute, l'hélice et la pile électrique, le chemin de fer et l'automobile, le ciment, l'électro-aimant, la machine à écrire et le tramway, le morse, le panneau solaire, les pneumatiques et le béton armé, sans oublier l'ascenseur, le spectroscope, le four électrique, le crayon et le stylographe, le gramophone et le microphone. Nous ne sommes encore qu'au XIXe siècle et les plus grandes inventions sont à venir. Le siècle qui a suivi, en dépit des deux guerres mondiales, a vu la science européenne inventer l'avion, la fusée, les rayons X, la radio, la machine à laver, le nylon, l'aspirine, l'air conditionné, le grille-pain, le néon, le réfrigérateur, le congélateur, la télévision, le microsillon et le disque compact, la pénicilline, le turboréacteur, le radar, l'hélicoptère, les semi-conducteurs et les ordinateurs, sans oublier la bombe atomique et la streptomycine, le satellite et le laser, la pilule contraceptive et le courrier électronique. Je mentionnerai encore, parmi des centaines de milliers d'invention qui relèvent de l'Europe et de son prolongement occidental en Amérique, le microprocesseur, la fibre optique, la carte à puce, la navette spatiale, le clonage et le décodage du génome humain.

Ce chapelet interminable d'inventions, dont on ne sait quel génie l'égrène, ne suffit pas à expliquer, et à justifier, la primauté européenne dans le domaine technique. On objectera qu'il concerne le monde matériel du machinisme qui a allié l'art de l'ingénieur à celui de l'entrepreneur. Certes. Ce fut l'effet immédiat de la révolution industrielle qui constitua un tournant dans l'histoire humaine. Lorsque James Watt, l'inventeur de la machine à vapeur, s'associa en 1775 avec le manufacturier Matthew Boulton pour produire des machines-outils dans leur usine de Soho, on vit naître l'économie industrielle qui a forgé le monde moderne. Cela ne suffit sans doute pas à définir la civilisation de l'Europe même si cette économie la distingue déjà des autres civilisations qui, étrangères à l'industrie comme au capitalisme, n'ont pas connu de progrès matériels comparables. Mais toutes les innovations techniques, dont l'accélération est aujourd'hui irrésistible, ont été rendues possibles par les progrès scientifiques qui sont au cœur de l'esprit européen.

Ces révolutions intellectuelles tranchent radicalement avec les découvertes des civilisations anciennes en dépit de leur importance, en Chine et en Inde, en Mésopotamie ou en Égypte. Platon faisait déjà remarquer que si les Grecs ont emprunté certaines de leurs découvertes aux Égyptiens, sans égaler pourtant leur sagesse, ils les ont perfectionnées en les intégrant dans une suite ordonnée de connaissances rationnelles. Lorsque le néoplatonicien Proclus exposait l'originalité de la géométrie grecque, de Thalès à Euclide, en la comparant aux mesures empiriques des arpenteurs égyptiens, il soulignait qu'elle constitue un enseignement rationnel et systématique. Son exposé de la science pythagoricienne caractérise à l'avance ce qui sera l'originalité de la raison européenne : « Pythagore donna à la philosophie géométrique la forme d'une éducation libre, en reprenant les choses au commencement pour découvrir les principes par un examen des théorèmes mettant en œuvre une méthode non empirique et purement intellectuelle[1] ».

La science européenne a hérité de la raison grecque en reprenant point par point les caractéristiques que Proclus avait mises

1. Proclus, *Commentaire sur le premier livre des Éléments d'Euclide*, II, 65, 15.

en évidence : 1. la connaissance est l'objet d'une *éducation libre* qui est liée à l'institution de l'école et de l'université; 2. elle ne se réduit pas à des mesures empiriques, seraient-elles exactes, mais remonte *au commencement* du raisonnement pour le fonder sur des *principes*, c'est-à-dire des axiomes; 3. elle énonce alors des *théorèmes*, c'est-à-dire des propositions dont elle établit la vérité à l'aide de raisonnements logiques fondés sur des axiomes; 4. elle met en œuvre une *méthode* entendue comme une procédure détaillée et progressive pour atteindre le résultat recherché; 5. enfin, cette connaissance ne fait appel à aucune donnée issue de l'expérience immédiate, mais à une démarche *purement intellectuelle*, ou, si l'on préfère, à une médiation d'ordre abstrait.

Les révolutions de la science moderne, telles que l'Europe les a développées depuis la Renaissance, ont pris la forme d'une construction de théorèmes à l'aide de règles de démonstration rigoureuses qui sont partagées par la communauté scientifique. Au XVIe siècle, Copernic bouleverse la conception que l'homme se faisait de l'univers, depuis les temps les plus reculés, en substituant au système géocentrique, qui a la caution de l'expérience commune, le système héliocentrique. Ce n'est plus autour de la Terre immobile que tourne le Soleil, bien que nous le voyons se déplacer dans le ciel ; c'est autour du Soleil que tourne la Terre, alors que nous n'avons pas conscience de son déplacement. Un tel changement de paradigme, qui conduit le raisonnement intellectuel à l'emporter sur les données sensorielles, est certainement la plus grande révolution de l'histoire. Elle sera suivie par une cascade de découvertes mathématiques et physiques, avec Galilée, Kepler, Descartes, Huyghens, Pascal, Newton, Leibniz, bientôt biologiques avec Buffon, Linné, Lamarck et Darwin, artisan d'une révolution aussi considérable que celle de Copernic, chimiques avec Lavoisier, Dalton ou Avogadro, génétiques avec Mendel puis Morgan et de Vries, avant que de nouvelles révolutions bouleversent au XXe siècle notre vision du monde. La relativité restreinte, puis générale, avec Einstein, et la mécanique quantique avec Planck, Heisenberg, Dirac et Schrödinger, ont rendu plus complexe encore la représentation que nous avions des phénomènes physiques fondamentaux constitutifs de l'homme et de l'univers.

J'arrête là ce rapide état des lieux des progrès des sciences et des techniques que l'on doit au génie de l'Europe. Il suffit à rappeler que tous les aspects de la vie moderne, sans exception, ont été inventés, diffusés et imposés au monde par les Européens, puis par les Occidentaux.

Même le plus ancien des arts, la musique, héritée des Muses pythagoriciennes, s'est révélée dans sa théorisation physique et dans ses réalisations pratiques comme l'un des traits universels de la culture européenne. On peut trouver aujourd'hui dans les bacs des disquaires des exemples variés de « musiques du monde ». Elles continuent d'exister certes. Mais il n'y a plus guère qu'*une* musique au monde, celle que les conservatoires de tous les pays enseignent, de la Juilliard School de New York au Conservatoire Santa Cecilia de Rome et au Conservatoire de musique de Shanghai. Quant aux grands interprètes de la musique occidentale, ils sont issus de toutes les cultures, comme le violoncelliste Yo-Yo Ma, le violoniste Young-Dae Park, les pianistes prodiges Lang Lang et Hiromi Uehara, ou le chef d'orchestre Seiji Ozawa, pour ne pas citer Dame Kiri Te Kanawa, la soprano d'origine maori.

Au cours des derniers siècles, la musique européenne a imposé son prestige au monde entier. Elle couvre le champ immense de la monodie liturgique et de la polyphonie naissante au dodécaphonisme et à la musique électronique, et de la musique baroque, classique et romantique au jazz. Quant aux instruments de l'orchestre symphonique, la plus grande partie est d'invention européenne, l'orgue, le clavecin, le piano-forte, le violon, le violoncelle et la contrebasse, la clarinette et le cor, le xylophone et le vibraphone, ou encore les saxophones. L'Europe a peu emprunté d'instruments aux civilisations antérieures en dépit de la diversité et de la richesse de leurs musiques. Je n'oublie pas, en parallèle à l'invention du théâtre, celle de l'opéra, la création de la symphonie et surtout de la théorie musicale fondée sur la gamme pythagoricienne devenue par la suite la gamme tempérée. Prenons pour finir le cas du jazz qui s'est répandu sur la planète entière. Ce n'est pas une musique de « nègres », comme on le disait dans les années vingt, mais, pour reprendre l'expression du pianiste Ahmad Jamal, « la musique classique américaine ». Toutes les structures du jazz, y compris l'intégration de la *blue note* d'origine africaine, sont inscrites dans la théorie occidentale de la musique. Les sept modes de la gamme majeure portent les anciens noms des modes ionien, dorien, phrygien, lydien, mixolydien, éolien et locrien, en hommage aux Grecs qui analysèrent la structure des intervalles. Quant au jazz modal, de George Russell et de Miles Davis, on sait qu'il est directement inspiré des accords de la musique médiévale.

Les sociétés ouvertes

Si l'on me demandait de condenser en un mot la caractéristique essentielle de la culture européenne, je choisirais sans hésitation le mot d'*ouverture*. Il répond à ce que Bergson a analysé dans *Les Deux sources de la morale et de la religion* sous le nom d'« âme ouverte » en l'appliquant aux « sociétés ouvertes ». Lorsque l'auteur s'interrogeait en effet sur l'obligation qui pousse les hommes à s'associer et à se conformer à une morale ou à une religion, il notait que les sociétés obéissent à deux principes opposés, celui de la *pression* et celui de l'*aspiration*. La première, très proche du déterminisme de la nature, et donc de l'instinct animal, se manifeste comme une force impersonnelle qui s'impose aux membres du groupe pour conserver la vie. Elle est vouée à un mouvement circulaire qui se reproduit sur place en refermant la société sur elle-même. La seconde, où s'exprime au contraire la liberté de l'homme, se présente comme une ouverture qui conduit la société à rompre ses liens circulaires pour marcher en avant à l'imitation de personnalités d'exception. Bergson, qui se limitait aux deux modèles de morale, faisait référence aux fondateurs de religions et aux mystiques comme les prophètes d'Israël ou les Arahants du bouddhisme.

Mais nous pouvons appliquer ses analyses aux hommes de science, aux philosophes, aux écrivains et aux artistes qui ouvrent des voies inédites et entraînent la société tout entière. Leurs œuvres ne relèvent plus de la pression sociale, mais de l'élan qui conduit le groupe dans une direction nouvelle comme s'il était aspiré par ceux que Bergson nommait les « grands entraîneurs de l'humanité ».

Effectivement, ces créateurs forcent les barrières de la cité et entraînent, avec un certain délai, les autres hommes à les suivre. Il y a donc deux types de morale, comme il y a deux types de religion, deux types de société et, dans l'homme, deux types d'âmes : ceux qui relèvent de la clôture et ceux qui relèvent de l'ouverture, ceux qui se meuvent dans un cercle fermé et ceux qui se déploient dans un espace libre. C'est sur ce point que Bergson rencontrait le problème central de ce que l'Europe a entendu sous le nom de « culture ». Si la nature n'a pas condamné les hommes à se tenir dans des sociétés fermées sur leurs instincts; si elle les a poussés, non seulement à se socialiser comme les espèces animales, mais encore à faire évoluer leurs sociétés en les arrachant à leur clôture initiale, on peut penser que la pression sociale et l'aspiration humaine sont toutes deux nécessaires à la vie. L'hypothèse bergsonienne, que j'applique maintenant aux deux types de sociétés que nous connaissons, les sociétés non européennes, centrées sur elles-mêmes et à ce titre closes, et les sociétés européennes, excentrées sur les autres, à ce titre ouvertes, laisse apparaître une philosophie implicite de l'histoire que j'examinerai dans le quatrième chapitre. Ne rejetons pas tout de suite l'hypothèse bergsonienne pour crime d'ethnocentrisme, sauf à rejeter d'emblée notre culture qui a toujours été ouverte, depuis les *Enquêtes* d'Hérodote, sur les autres cultures. Aucune de celles-ci ne s'est suffisamment dégagée de sa propre pression sociale pour s'ouvrir à ce que Bergson nommait l'*aspiration*, et qui n'est autre que l'élan vers l'universalité.

En proposant sa typologie des deux formes de société, Bergson ne se contentait pas de décrire deux modèles opposés et complémentaires. Son but semblait bien d'établir que la société ouverte est la *fin* des sociétés closes comme si une force inconsciente poussait, selon l'expression bergsonienne, les sociétés closes à s'ouvrir. En utilisant les outils théoriques de la culture européenne, qu'ils soient philosophiques, scientifiques, juridiques ou religieux, l'auteur des *Deux sources* décrivait l'accession de cette même culture à l'ouverture et sa rupture avec les cultures antérieures. La société close, celle qui est la plus proche de la nature, reproduit indéfiniment les cycles de la vie et reste bouclée sur elle-même dans une attitude défensive. Elle satisfait donc parfaitement aux besoins d'une culture autonome qui se fonde, précisait Bergson, sur une religion et une morale immuables. Aucune évolution n'est ici possible.

La société ouverte, en revanche, celle qui est la plus éloignée de la nature, récuse cette vision cyclique du temps pour s'arracher à soi dans une attitude offensive. L'une ne se conserve que par la pression qui la protège et se confie à une religion statique ; l'autre n'existe que par l'élan qui l'anime et se voue à une religion dynamique. Bergson avançait que l'on ne passe jamais de la société close à la société ouverte en élargissant le cercle de la première ; il faut le rompre par une sorte de saut afin d'instaurer la mutation de la particularité dans l'universalité. On peut ici parler d'une révolution anthropologique aussi décisive, pour l'homme, que la révolution copernicienne le sera pour le monde. Plus exactement encore, les deux révolutions sont liées dans la mesure où Copernic n'a pu édifier sa théorie cosmologique qu'à l'aide de l'outillage mental des sociétés ouvertes. Aussi Bergson terminait-il ses analyses en indiquant que, dans l'idéal, et c'est cet idéal qui aspire les sociétés ouvertes vers l'avenir, « la société ouverte est celle qui embrasserait en principe l'humanité entière[2] ».

L'ouverture théorique des sociétés humaines est donc la mise en forme conceptuelle de l'ouverture historique de la civilisation européenne. Le concept dynamique qu'utilisait Bergson, multipliant dans son texte les termes d'« aspiration », d'« élan », de « poussée », voire de « principe de propulsion », définit précisément ce qui anime de fond en comble la culture européenne. On peut également parler d'un « déploiement » avec le sociologue allemand Georg Simmel quand il notait que « la culture, c'est le chemin qui va de l'unité close à l'unité déployée en passant par le déploiement de la multiplicité[3] ». À son tour, Peter Sloterdijk, dans son essai sur l'Europe, a souligné la fascination de ses formes culturelles pour le mouvement pris en lui-même à travers les transformations sociales et l'accélération des innovations. Il applique ainsi aux Temps modernes les concepts de « mytho-motricité

2. H. Bergson, *Les Deux sources de la morale et de la religion*, Paris, PUF, Édition du Centenaire, 1959, p. 1202.
3. G. Simmel, *La Tragédie de la culture et autres essais* (1918), Paris, Rivages, 1988, p. 182.

européenne » et de « mobilisation infinie » qui relèvent du processus toujours inachevé de la connaissance[4]. On y reconnaît la vieille fascination de l'Europe pour sa vocation impériale, depuis l'époque de Charlemagne dans la lignée de l'empire romain, qui portait le nom de *translatio imperii.* Mais ce mouvement historique a ajouté au transfert du pouvoir politique le transfert des connaissances scientifiques en renforçant mutuellement leurs deux formes d'ouverture.

On se convaincra de la justesse de ces thèses philosophiques en les comparant aux réflexions d'un historien et d'un homme politique français du XIXe siècle. Dans son *Histoire générale de la civilisation en Europe,* Guizot mettait en relief les traits novateurs de la crise intellectuelle qui a frappé l'Europe au siècle des Lumières. L'esprit de l'humanité s'est alors emparé du pouvoir, avec les philosophes et les encyclopédistes, au détriment du gouvernement des monarques. L'autorité de la raison a pris la forme historique de ce « mouvement intellectuel », selon l'expression de Guizot, qui a parcouru toutes les nations européennes. Il en est résulté que la liberté d'examen, et c'est là un trait qui

4. P. Sloterdijk, *Si l'Europe s'éveille,* Paris, Mille et Une Nuits, 2003, p. 69.

annonce l'apparition de la société ouverte, ne s'est plus restreinte à la question religieuse, mais a concerné toutes les formes de pensée et d'action. Rien n'a échappé à la critique des gens de lettres, des philosophes et des savants, que ce soit la société, la nature, la politique, la philosophie ou la science. Les fondements de l'ordre social ont ainsi été radicalement remis en cause en dépit des censures royales. « C'est un mouvement qui se porte en tout sens, quoique émané d'une seule et même impulsion », ajoutait Guizot. L'image, ici encore, annonce le principe de propulsion de Bergson.

Dans un second temps, et c'est ce qui surprenait le plus Guizot, cette mobilisation intellectuelle ne s'est pas restreinte aux mondes politique, social et militaire, c'est-à-dire aux domaines concrets de l'action. Il a pris une forme purement spéculative comme si la réflexion des penseurs européens se détachait de la vie pratique pour mieux affirmer sa liberté théorique. Et c'est précisément parce que cette démarche spéculative s'est arrachée à son enracinement dans la réalité, ce qui appelle l'ouverture bergsonienne, qu'elle a pu renverser tous les interdits au point de retourner la critique contre elle-même. L'esprit européen a été ainsi débordé par son propre élan et s'est voué à une critique illimitée qui a mis en péril tous les acquis des institutions antérieures. Guizot proposait dès lors de restaurer un équilibre entre le développement social et le progrès moral de l'homme en réinsérant ce qu'il nommait « l'histoire de la civilisation », naturellement identifiée à l'aire européenne, dans « l'histoire de l'âme humaine » qui est présente dans toutes les sociétés[5].

On comprend que Paul Claudel, en comparant la civilisation occidentale à la civilisation orientale, ait défini la pensée asiatique comme l'absorption de l'esprit dans « une contemplation immobile », à l'image de Bouddha sur son lotus, alors que la pensée européenne, à l'exemple d'une cathédrale gothique, est « une sanctification du mouvement[6] ». Mais cette sanctification s'est retournée en perversion quand elle a succombé à l'élan qui l'a conduite aux guerres européennes et coloniales, aux totalitarismes communiste et nazi qui se vouaient tous deux au mouvement de l'histoire, et, en dernier ressort, au mobilisme d'une mondialisation qui

---

5. F. Guizot, *Histoire générale de la civilisation en Europe*, Paris, 1851, p. 355 et p. 25.
6. P. Claudel, *L'Europe*, *Œuvres en prose*, Paris, Gallimard, Bibliothèque de La Pléiade, 1965, p. 1377 et p. 1379.

brasse un flux incessant d'informations, d'échanges et de produits pour nourrir le processus insatiable qui le pousse en avant. Grisée par ce culte du mouvement, la civilisation européenne a fini par dévoyer l'élan bergsonien qui situait la société ouverte dans l'horizon de l'histoire. Cet horizon s'est trouvé bouché par une ouverture qui ne donne sur rien sinon sur une culture emportée dans un tourbillon dénué de fin. Dans une note sur l'avènement du nihilisme qu'il pressentait à son époque, Nietzsche témoignait à son tour de la vigueur du courant déchaîné qui emportait l'Europe, et le monde avec elle, vers le néant :

« Notre culture européenne tout entière se meut depuis longtemps déjà, avec une torturante tension qui croît de décennies en décennies, comme portée vers une catastrophe : inquiète, violente, précipitée : comme un fleuve qui veut *en finir*, qui ne cherche plus à revenir à soi, qui craint de revenir à soi[7] ».

7. F. Nietzsche, *Fragments posthumes. Automne 1887-mars 1888*, Paris, Gallimard, 1976, p. 362. Souligné par Nietzsche.

L'ouverture au monde

Rien n'évoque plus cette tension vers l'ailleurs que la devise latine de l'empereur Charles Quint : *Plus Ultra.* Devenue la devise de l'Espagne, et inscrite sur ses armoiries, elle mériterait d'être la devise de l'Europe si l'Europe avait le courage d'arborer un blason. L'histoire de cette locution est intéressante pour comprendre l'originalité de l'idée européenne. Elle est l'inversion d'une formule antérieure, *Nec plus ultra,* que nous avons gardée pour désigner ce qu'il y a de mieux et qu'on ne saurait dépasser : il n'y a *rien au-delà.* Mais l'inversion avait une tout autre signification lorsque Charles Quint l'emprunta à son médecin Luigi Marliano pour l'appliquer à son ambition, sous sa forme latine, *Plus Ultra,* ou sous sa forme française, *Toujours Plus Oultre.* D'après la légende des Douze Travaux d'Hercule, *Non Plus Ultra* était l'ordre gravé par le héros, lors de sa dixième épreuve, sur les deux colonnes du détroit creusé entre le Rocher de Gibraltar et celui de Ceuta. Il interdisait ainsi aux navigateurs de s'aventurer au-delà du monde connu par les Grecs. L'étroite faille qui sépare l'Europe de l'Afrique et la Méditerranée de l'océan, avait été ouverte par les poings d'Hercule, mais devait rester inviolée. Le héros avait fait preuve de mesure en demandant aux mortels de rester dans leurs propres limites sans outrepasser leurs droits. Charles Quint viola l'interdit mythique en supprimant la négation pour affirmer sa volonté de dépasser les bornes du monde connu et d'assurer la plus grande extension à un empire qui irait *Toujours Plus Oultre.* La conquête de l'Amérique, et au-delà, du monde, en sera le prix.

Cet impérialisme constitutif de l'Europe trouve son illustration dans une légende qui était curieusement préformée par le mythe même d'*Europé.* On sait, depuis Hérodote, que notre continent a emprunté son nom à une princesse phénicienne. Le mot *Europé* vient sans doute, pour son radical, des substantifs *ops,* « le regard », et *opsis,* « le fait de voir », que l'on retrouve dans le mot « optique ». Tous les termes des langues européennes liés à l'« œil », au « visage » et à l'« aspect », signifient l'action de « voir », en grec *idein,* dont le mot « idée » est à son tour issu. Une idée est en effet l'objet d'une vision intellectuelle. Le parfait *oida* de ce même verbe, « je sais », a donné pour sa part le mot *histor,* « celui qui sait », entendons l'historien qui a su voir ce qui s'est passé. En second lieu, le préfixe *Eur-* appelle l'adjectif *eurus,* « une vaste étendue », un terme de poésie pour qualifier le ciel, la terre ou la mer.

On peut donc discerner dans la figure d'*Europé, eurus + ops*, la femme « au large visage » ou « au vaste regard ». Elle est celle qui regarde au loin vers les confins de la Terre.

Une autre hypothèse fait venir *Europé* du terme hébraïque *Ereb*, l'endroit où le soleil se couche, c'est-à-dire l'Occident, alors que le terme d'*Asie* serait issu du mot *Asu*, le lever du jour. Pour un Asiatique, en effet, le soleil se couche en Europe, sur les terres situées vers l'Occident. À l'issue de son rapt par Zeus, la princesse phénicienne, qui était une sémite, a été transportée en Crète vers le couchant. Lorsque Husserl parlait de la figure spirituelle de l'Europe, une image que l'on interprétera comme la figure spirituelle de l'Occident, il avait quelques appuis du côté de la philologie. C'est encore en ce sens que Massimo Cacciari, philosophe et Maire de Venise, a montré que l'Europe accomplit son destin dans la recherche de son occident, en allant vers un couchant qui évoque la promesse de son succès, mais aussi le danger de son déclin[8]. Dans ces deux hypothèses, le nom de l'Europe évoque l'universalité de son regard et de son expérience.

8. M. Cacciari, *Geo-filosofia dell'Europa*, Milan, 1994; trad. fr. *Déclinaisons de l'Europe*, Combas, Éditions de l'Éclat, 1996.

Le plus intéressant, dans ce mythe d'Europé, tient moins à son nom qu'aux conséquences de son enlèvement divin. La princesse était une Asiatique et non une Européenne puisque, enlevée à la Phénicie, elle mourra en Crète, les deux pays étant situés en Orient pour les géographes grecs. L'Europe ne tire donc pas son nom d'une princesse autochtone, comme le remarquait Hérodote, ce qui laisse entendre qu'elle ne trouve pas son identité en elle-même. Ce qui oriente le regard d'Europé lui vient de loin et porte encore plus loin. Nietzsche, et Valéry à sa suite, a justement décelé en elle un petit cap du continent asiatique[9]. Dès son apparition dans son mythe fondateur, qui annonce l'histoire à venir, l'Europe est un concept déplacé. La jeune fille au regard lointain, ensuite, qui incarne la terre ouverte sous le ciel, a été arrachée par la

9. P. Valéry, *La Crise de l'esprit*, *Œuvres*, I, Paris, Gallimard, Bibliothèque de La Pléiade, 1957, p. 995 : « L'Europe deviendra-t-elle *ce qu'elle est en réalité*, c'est-à-dire : un petit cap du continent asiatique ? » – F. Nietzsche, *Par-delà le bien et le mal*, § 52 : « On se livrera à de tristes réflexions au sujet de l'antique Asie et sa petite péninsule avancée, l'Europe, qui prétend incarner en face d'elle le "progrès de l'homme" ».

violence à son sol natal. Nous l'avons pressenti plus haut avec Bergson, Claudel ou Sloterdijk : l'Europe ne se comprend que dans ce mouvement universel qui l'emporte au-delà d'elle-même. Amenée par le taureau divin en Crète où il s'unira à elle, la princesse donnera naissance à Minos et Rhadamante qui sont aux Enfers les juges des morts. C'est donc d'un acte de violence primitif que la justice grecque tire son origine mythique.

Pour revoir sa fille, le roi de Phénicie envoya ses trois fils à sa recherche en leur interdisant de revenir à Tyr tant qu'ils n'auraient pas trouvé leur sœur. À mesure de leur quête infructueuse, deux des princes fondèrent des colonies où ils finirent par s'établir, Phœnix dans la Phénicie qui portera son nom, et Cilix dans le pays de Cilicie. Le troisième frère, Cadmos, parti interroger l'oracle de Delphes, deviendra roi de Thèbes et épousera la déesse Harmonie avant de civiliser le peuple béotien. Il lui enseignera en effet les lettres phéniciennes dont est issu l'alphabet grec. On voit comment on peut interpréter les conséquences du rapt d'Europé partie loin de sa terre : ses frères, en partant à leur tour de Tyr, seront les premiers hommes à inventer la colonisation et la civilisation. L'Europe, telle qu'elle s'imposera dans l'histoire en s'arrachant au mythe asiatique où elle est apparue, portera toujours plus loin son regard dans sa conquête du monde sans que rien ne vienne freiner son appétit de terres nouvelles.

L'ouverture de l'homme sur le monde, dont parlait en un tout autre mode Bergson, n'est donc pas sans lien avec l'ouverture du mythe sur l'histoire. Il s'est bien agi, pour l'Europe, et il s'agit toujours pour elle, même chez ceux qui critiquent son impérialisme, d'inventer de nouveaux regards sur des mondes nouveaux. La civilisation européenne est inséparable de ce mouvement d'outrepassement de ses limites géographiques qui a pris souvent la forme d'une transgression de ses limites culturelles, et, parfois, d'une violation de ses limites morales. L'Europe ne se soucie pas plus d'une société close, voyez Bergson, qu'elle ne se soucie d'une terre limitée, voyez Colomb, ou d'un monde fini, voyez Copernic. Elle ne se sent à l'aise, sur le plan physique, qu'à l'échelle de l'univers, c'est-à-dire, sur le plan métaphysique, à l'échelle de l'universel. Si l'homme est une machine à inventer des dieux, l'Européen est une machine à inventer des concepts. Il lui faut déceler, sous la moindre particularité humaine ou naturelle, le concept universel qui lui permettra de la comprendre et par conséquent d'agir sur elle. Quand les investigations de la raison ne lui suffisent pas, il se livre aux investigations de l'imagination. Peu de sociétés, semble-t-il, ont rêvé de conquérir d'autres mondes; leur propre monde leur paraissait bien suffisant. Clos sur lui-même, sûr et équilibré, il leur permettait de protéger la vie et de donner un sens aux mythes qui la réglaient.

Dès ses premiers essais littéraires, au contraire, l'Europe cherche des mondes lointains qu'elle tend à absorber pour en faire sa nourriture spirituelle. Ulysse traverse des pays merveilleux comme la Schérie où vivent les Phéaciens dont les palais ont des portes d'or et des murs de bronze et dont les vaisseaux filent plus vite que le vent. Mais il rencontre aussi des pays affreux, comme celui des Lestrygons où les géants harponnent les marins et les dévorent. Tous les pays rencontrés et toutes les îles parcourues, seraient-ce celle de Calypso ou celle de Circé, renforcent sa volonté de revenir à Ithaque et de retrouver son royaume, comme ils satisfont sa soif d'aventure et de découvertes. La quête de l'universel est déjà présente dans la conquête de l'univers. Avant et après les explorations de la planète réelle, l'Europe a multiplié les investigations des mondes imaginaires. Lucien de Samosate, au IIe siècle de notre ère, parle déjà d'un bateau volant qui vogue vers la Lune dans son *Histoire véritable*; Cyrano de Bergerac nous transporte vers les *États et Empires de la Lune et du Soleil*; Voltaire fait descendre Micromégas de Sirius pour juger les hommes tandis que Swift envoie Lemuel Gulliver dans les mondes les plus étranges, ceux de Lilliput, de Brobdingnag, de Laputa, de Glubbdubdrib, de Luggnagg, l'île volante de Lagado ou l'étrange pays des Houyhnhnms dans lequel les chevaux font de la philosophie. La science-fiction du XXe siècle ira plus loin encore, avec Isaac Asimov, Alfred Elton Van Vogt ou Philip K. Dick, non plus sous l'océan comme le capitaine Nemo, mais au-delà des terres et des étoiles, dans des mondes parallèles qui renvoient toujours à notre monde perdu tant qu'il ne s'évade pas de lui-même.

Pour l'Europe, l'ouverture sur le monde se comprend donc comme une ouverture hors de soi comme si l'homme européen voulait échapper à sa condition et, en quelque sorte, à sa finitude. *Any Where Out Of The World* répète Baudelaire dans l'un de ses derniers poèmes en prose. Pour lui, la vie est un hôpital où chaque malade a envie de changer de lit. Aussi le poète parle-t-il à son âme, et, comme on le pressent, cette âme, cette *âme ouverte*, est l'âme même de l'Europe. Mon âme, veux-tu habiter

Lisbonne pour vivre dans un monde de pierre et de lumière? « Mon âme ne répond pas ». Mon âme, veux-tu habiter Rotterdam pour voir les navires aux pieds des maisons? « Mon âme reste muette. » Mon âme, veux-tu habiter Batavia? « Nous y trouverions d'ailleurs l'esprit de l'Europe marié à la beauté tropicale ». – « Pas un mot. – Mon âme serait-elle morte? » Que veulent donc l'âme du poète et l'âme de l'Europe? Aller le plus loin possible de la vie, à l'extrême bout de la Baltique? Au pôle, enfin, où elles pourraient prendre « de longs bains de ténèbres » entre des gerbes d'aurores boréales? Et l'âme de faire enfin explosion, exaspérée comme l'Europe elle-même dans sa brûlure d'infini, pour crier au poète : « N'importe où n'importe où ! pourvu que ce soit hors de ce monde[10] ! »

L'ouverture à l'homme

La sortie hors de ce monde n'est possible que si l'âme du poète est ouverte sur un autre monde. Lorsque Rimbaud affirme que la vraie vie est ailleurs, il inscrit sa révolte dans cette démarche d'ouverture

10. Baudelaire, « Any where out of the world », *Le Spleen de Paris,* XLVIII, *Petits poèmes en prose.*

qui caractérise l'homme européen. Mais c'est l'ouverture qui doit retenir notre attention, et non l'autre monde dont l'âme, dans son désir d'évasion, ne sait pas s'il existe. Quelle est en effet la nature de cet « ailleurs » ou de ce « n'importe où » que le poète aussi bien que le musicien, le peintre aussi bien que le romancier, cherchent à représenter ? Ils ne dévoilent jamais que l'ouverture de l'âme dont le mouvement d'envol est plus important que le lieu où elle se pose. Si l'existence de l'âme, comme l'ont souligné les plus grands esprits européens avec Platon, Bergson, Sartre ou Patočka, tient à ce perpétuel mouvement qui la projette hors d'elle-même, ce qu'implique le terme latin d'*ex-istentia*, alors l'âme est bien une pure ouverture. Pour l'Europe, il n'y a pas d'âme close, refermée sur son intériorité, qu'elle soit pensée comme un cachot ou comme un palais. Karel Kosik, que je citais plus haut, suivra la même tradition quand il écrira que « la question existentielle est de savoir si l'homme va opter pour la caverne ou pour le monde ouvert[11] ».

Considérons l'ouvrage matriciel de la peinture européenne, le *De Pictura*

11. K. Kosik, *La Crise des temps modernes*, *op. cit.*, p. 115.

d'Alberti en 1435, qui expose pour la première fois les règles de la perspective. On a reconnu justement dans ce livre « l'un des écrits fondateurs de la culture d'Occident[12] ». L'auteur, à la fois peintre et théoricien, trace sur sa toile un quadrilatère de la largeur convenable, « comme une fenêtre ouverte, *pro aperta finestra,* à partir de laquelle l'histoire représentée pourra être considérée[13] ». Alberti définit ainsi le modèle théorique de la Représentation occidentale, avec son concept narratif d'*historia,* l'action considérée comme un espace idéal et abstrait pour articuler ce qui est dit, le récit, à ce qui est montré, la peinture. Mais, en même temps, cette ouverture de la *finestra* ne donne pas sur le monde réel. Elle renvoie au monde représenté, celui de l'*historia,* qui à son tour ne prend son sens qu'à partir du regard des spectateurs. Marcel Duchamp ne dira pas autre chose quand il affirmera que ce sont les regardeurs qui font les tableaux. Aussi Alberti insiste-t-il sur le rôle éthique de la peinture qui doit attirer chez les spectateurs gratitude et bienveillance. C'est vers cette culture de l'humanité qu'est tournée

12. H. Damisch, *L'Origine de la perspective,* Paris, Flammarion, 1993, p. 19.

13. Alberti, *De la peinture,* Paris, Seuil, 2004, I, 19, p. 83.

l'ouverture de l'âme. Le peintre, qui est un homme de bien versé dans les disciplines libérales, réussira ainsi par sa peinture à « captiver et mouvoir le regard et l'âme de qui la regarde[14] ».

L'ouverture sur le monde n'a donc de véritable sens que si elle est en même temps une ouverture sur l'homme. Lorsque Bergson édifiait l'ensemble de sa philosophie morale, religieuse et politique sur l'image de « l'âme ouverte », qui prendra dans l'histoire la forme complexe des « sociétés ouvertes », il suivait l'intuition majeure qui commande la rationalité européenne. Cette métaphore de l'âme ouverte était déjà présente chez le philosophe tchèque Comenius, le Galilée de l'éducation, qui bouleversa au XVIIe siècle les théories pédagogiques dominantes. Deux de ses ouvrages portent les titres de *Janua linguarum reserata, La porte ouverte sur les langues*, qui permet d'aborder tous les arts et toutes les sciences ; et *Januae linguarum reseratae vestibulum, Vestibule de la porte ouverte sur les langues*, pour faciliter l'apprentissage du livre précédent. Comenius eut enfin le projet d'ajouter à sa *Janua linguarum reserata* une *Janua rerum resserata*, une *Porte ouverte sur les*

14. Alberti, *De la peinture*, *op. cit.*, III, 52, p. 177.

choses[15]. Or, c'est précisément l'éducation qui permet, en ouvrant la porte sur les mots et les choses, c'est-à-dire sur l'universalité, d'ouvrir en même temps la porte sur l'homme avec les conséquences morales et politiques qui s'ensuivent nécessairement.

On peut déceler deux sources à l'origine de cette ouverture sur l'homme. La source grecque a toujours représenté l'homme singulier, dans la statuaire, et pensé le genre humain, dans la philosophie, sous l'angle de l'universel. Lorsque Polyclète sculptait son *Doryphore*, le Porteur de lance, c'était pour confirmer son *Canon* ou « Règle » qui exposait les proportions numériques régissant les parties du corps humain. L'harmonie plastique qui en résulte, qu'elle obéisse ou non au nombre d'or, témoigne de l'ordre universel présent dans la nature et dans l'homme. Galien, le plus grand médecin de l'Antiquité avec Hippocrate, reconnaissait ainsi, dans la beauté de la statue de Polyclète, le jeu d'équilibre que l'on retrouve en médecine, dans la recherche de la santé, et en philosophie, dans la recherche de la vérité. Qu'une statue singulière et qu'un traité

15. La distinction suprême que l'UNESCO accorde aux éducateurs porte le nom de Médaille Comenius.

de sculpture aient porté le même nom, le *Canon*, un terme qui s'est imposé pour définir la perfection d'une œuvre, révèle à quel point le souci théorique et le souci pratique des Grecs portaient la même exigence d'universalité. C'est évidemment la philosophie qui ira le plus loin dans cette quête. Platon, sur lequel je reviens dans le chapitre suivant, est le premier auteur à penser l'homme, le Grec ou le Barbare, l'homme libre ou le tyran, selon un paradigme rationnel qui est inscrit dans les lois du cosmos. Que ce soit sous l'angle anthropologique, sous l'angle politique, sous l'angle éthique, sous l'angle physique ou sous l'angle ontologique, l'homme est envisagé dans la rationalité d'une constitution qui est universelle et, par là-même, partagée par les autres hommes.

Platon récuse ainsi la division grossière de l'ensemble des hommes en Grecs et en Barbares[16], comme si, en appelant d'un nom unique toutes les races humaines hormis les Grecs, on en faisait un seul genre. La faute anthropologique est ici une faute logique, laquelle, à son tour, est une faute ontologique puisque l'être de l'homme est universel. Et si l'homme est universel, dans la mesure où il répond à la seule *idée* d'homme, laquelle est la marque de son

---

16. Platon, *Le Politique*, 262 d-e.

humanité, c'est parce qu'il est tissé de la même étoffe que l'univers. Dans le *Timée*, le premier texte qui donne à la physique une expression mathématique, Platon avance l'hypothèse que l'âme de l'homme, comme celle des êtres animés, mais à des degrés de perfection différents, provient d'une formule mathématique unique. Un démiurge anonyme, à l'origine des lois de la nature, l'a constituée à partir d'un mélange de plusieurs « idées », en termes modernes, à partir du calcul de plusieurs équations. Il en résulte que l'âme humaine est de même nature que l'âme du monde, même si son mélange, ou son équation, est moins riche, de la même manière que la grandeur de l'être humain ne peut se mesurer à l'échelle du cosmos.

Les lois qui gouvernent le monde sont ainsi semblables à celles qui gouvernent l'homme et, bien entendu, semblables à celles qui gouvernent la cité. C'est Platon qui a constitué l'ossature de la pensée européenne en articulant dans le *logos*, « parole », « discours », « langage » et « raison », ce qui dépend de l'organisation du *cosmos*, ce qui découle de la constitution de l'homme et ce qui relève de l'institution de la cité. Quand il identifie le *nomos* au *logos*, c'est-à-dire la *loi* à la *raison*, c'est dans le souci d'identifier à tous les deux l'*anthropos*, l'homme qui dépend de la loi rationnelle dans le monde, et qui doit, en conséquence, obéir à la loi raisonnable dans la cité. La politique peut donc se constituer en science au même titre que la mathématique et la physique parce qu'une même âme met en mouvement, ou qu'un même principe *anime* l'ordre du monde, l'ordre de la cité et l'ordre de l'humanité. Quand Aristote définira l'homme comme un « animal politique » et un « animal raisonnable », très exactement comme « un animal qui possède le *logos* », il imposera à la suite de Platon ce modèle théorique d'homme. Il est universel parce que sa pensée logique s'ouvre à la mesure d'un univers qui est la mesure des autres hommes.

Nous sommes en présence de la première source de l'ouverture de l'homme à l'universel. Cette source philosophique, avec son prolongement scientifique, va mêler ses eaux à une seconde source, la source religieuse, avec son prolongement moral. Le christianisme se déploiera en effet dans le monde romain, après que Théodose l'a proclamé religion officielle de l'Empire, et se diffusera chez les philosophes, les savants et les artistes comme dans l'ensemble de la population. Les esprits avaient été préparés par les conceptions platonicienne, aristotélicienne et stoïcienne de l'homme qui l'identifiaient au logos universel. Mais l'esclavage existait toujours et l'universalité humaine restait purement abstraite. L'enseignement chrétien va introduire à Rome, puis imposer au cours des siècles en Europe et dans le monde, une conception nouvelle de l'homme compris, non plus comme un débris d'étoile selon l'intuition de Platon, mais comme la créature de Dieu. S'il n'y a pas de particularité dans l'universel, il n'y a pas de partialité en Dieu selon le mot de Paul[17]. *Tous* les hommes, pour la première fois sans doute dans l'histoire, vont être pensés comme les créatures du Dieu unique et, par conséquent, partager la même condition qui se dira, en grec, *catholique*, c'est-à-dire universelle.

Le même Paul de Tarse, reprenant à Platon l'expression d'« homme intérieur[18] », mais en l'ouvrant sur Dieu et ses créatures, récuse les particularités humaines au profit de l'unité de l'homme. Platon voyait l'universalité de l'homme déposée dans l'unité de l'Âme ; Paul découvre cette universalité dans l'unité de l'Esprit. Si tous les hommes sont baptisés pour ne faire qu'« un seul corps », alors, que l'on soit « Juif ou Grec, esclaves ou

17. Paul, Romains 2, 11.
18. Paul, Romains 7, 22 ; 2 Corinthiens 4, 16 ; Éphésiens 3, 16.

hommes libres », tous sont abreuvés d'un seul Esprit. Le premier texte fondateur d'une humanité universelle se trouve dans l'Épître aux Galates : « Il n'y pas de Juif ni de Grec, il n'y a pas d'esclave ni d'homme libre, il n'y a pas d'homme et de femme; car tous, vous êtes un en Christ Jésus ». Il trouve un écho identique dans l'épître aux Colossiens : « Il n'y a plus de Grec ou de Juif, de Circoncis ou d'Incirconcis, de Barbare, de Scythe, d'esclave, d'homme libre, mais Christ, qui est tout et en tout[19] ».

Tout et en tout : l'universalité de la raison européenne tient en ces deux mots qui n'en font qu'un. Elle imprégnera la pensée médiévale pour unir la conception grecque d'un homme doté de raison, *animal rationale*, et la conception chrétienne d'un homme à l'image de Dieu, *imago Dei.* Quelles que soient les divergences entre philosophes et théologiens, entre poètes et écrivains, quand ils s'intéressent à l'homme, ces deux sources se fondront dans l'horizon d'une conception universelle de l'humanité. Elle deviendra progressivement en Europe porteuse de droits juridiques et politiques parce qu'elle partage ce que Montaigne nomme l'humaine condition. Il n'y a peut-être pas de nature

19. Paul 1 Corinthiens 12, 13; Galates 3, 28; Colossiens 3, 11.

de l'homme interprétée comme une substance pensante close sur son intériorité. Mais on peut admettre une condition universelle qui, en dépit des différences de cultures, justifie que l'on accorde à tous les hommes, mêmes aux plus primitifs selon le regard des civilisés, ce qui relève, comme disaient les juristes du XVIIe siècle, des droits naturels de l'homme en tant qu'homme. C'est évidemment postuler qu'il y a bien un être de l'homme dont la seule manifestation implique sa dignité.

Le civilisé et le sauvage

La civilisation européenne parvient à son faîte au siècle des Lumières dans les conversations de cours comme dans les écrits des gens de lettres. L'*Encyclopédie* de Diderot et d'Alembert est le monument le plus audacieux qu'elle édifie et toute l'Europe savante vient se contempler dans ce miroir. C'est à cette époque que le mot de « civilisation » apparaît en France, en Angleterre et en Allemagne, sur le modèle de la civilité qui qualifiait les mœurs policées des courtisans de Versailles. En français, le verbe « civiliser », qui a précédé le substantif, évoquait l'éducation raffinée qui permettait aux individus de parvenir à cette civilité. Turgot l'entend le premier dans le sens d'un « passage à l'état civilisé », c'est-à-dire d'un *processus* historique, en rédigeant un ouvrage sur l'histoire universelle en 1752. Mais c'est le marquis de Mirabeau, dans son monumental *L'Ami des hommes ou Traité de la population*, en 1756, qui prend ce terme dans le sens de l'*état final* du processus lorsqu'il oppose les « ressorts de la civilisation » au « luxe d'une fausse civilisation[20] ». De façon paradoxale, c'est au moment où cette civilisation découvre ses principes constitutifs qu'elle met en question la fausseté de certains de ses acquis. D'un côté, les philosophes, comme on les nomme, soulignent à quel point cette civilisation orgueilleuse est infidèle à ses principes. Les *Lettres persanes* relèvent avec ironie que, s'il est étrange d'être persan, et donc étranger à la civilité européenne, il est encore plus étrange d'être français, c'est-à-dire étranger à la civilité dont on se targue. Mais, d'un autre côté, les réformateurs et les économistes, à la suite des physiocrates, utilisent ce terme de civilisation qu'ils mettent à la mode pour décrire les avancées des sociétés industrielles. L'Europe, en prenant conscience d'elle-même à travers le progrès de ses sciences, la réussite de ses techniques et la politesse de ses mœurs, se juge supérieure aux

20. F. Braudel, *Grammaire des civilisations*, *op. cit.*, p. 41-42.

autres peuples et s'interroge en retour sur le bien-fondé de cette supériorité.

Toute la pensée des Lumières, en premier lieu en France, est alors commandée par une réflexion sur l'homme à partir du couple « civilisé »/« sauvage » dont l'un est le revers de l'autre. Le parallèle est toujours mené du point de vue du civilisé, que ce soit chez Rousseau ou chez Diderot, même lorsque l'on donne la parole au sauvage. Sa vie saine et naturelle sert d'argument pour critiquer les défauts ou les perversions de l'homme civilisé. Cette tension entre la civilisation et la sauvagerie est sans doute l'indice le plus visible du mode de pensée européen. Il reprend, sous une forme moins naïve mais tout aussi exclusive, l'opposition du Grec et du Barbare qui dominait, depuis Homère, la culture grecque. Le premier s'inscrivait dans l'espace intellectuel d'une parole et d'une raison, le terme de *logos* possédant ces deux sens, alors que le second n'y avait pas accès du fait de sa grossièreté.

J'ai rappelé ailleurs que la première occurrence du mot « barbare » se trouve dans *L'Iliade* au VIIIe siècle avant J.-C.[21] Il

---

21. J.-F. Mattéi, *La Barbarie intérieure, Essai sur l'immonde moderne*, Paris, PUF, 1999; 3e édition augmentée, Paris, PUF, 2002; réédition en poche « Quadrige », 2004. Homère, *Iliade*, chant II, v. 867.

désigne le peuple des Cariens, allié des Troyens, dont le trait dominant est d'être barbarophone. Ces hommes s'expriment en effet d'une voix gutturale sans distinguer les sons, ce qui est incompréhensible pour une oreille grecque. Le terme de bar-bar est une onomatopée dont le redoublement brutal et primitif, à l'image des balbutiements de nouveau-nés, témoigne de l'incapacité d'articuler une pensée claire. Le terme se généralisera dans le monde grec pour désigner, non plus les peuples primitifs, mais les civilisations développées, comme l'Égypte ou la Perse. En dépit de leur richesse et de leur raffinement, elles ne participent pas au monde du *logos*. Si le barbare de l'Antiquité est l'homme qui ne pense pas de façon logique, à partir de raisonnements correctement ordonnés, le primitif des Temps modernes sera celui qui n'a pas accès à la raison. C'est donc le même courant de rationalité, venu des Grecs et relayé par les Romains quand ils opposeront systématiquement la *Romania* à la *Barbaria*, qui constitue la trame sur laquelle le Civilisé brodera ses variations sur le Primitif. Bien entendu, cette opposition est menée du point de vue du Civilisé, dont c'est le trait caractéristique de s'inventer un double qui lui permet de décrier sa culture et ainsi de mieux l'affermir. Elle révèle un ethnocentrisme implicite qui se confond avec le logocentrisme que l'on reproche aujourd'hui à l'Europe.

Un second courant, d'origine religieuse et non philosophique, a contribué à la formation du mythe de l'homme primitif. Mais cette fois, il place ce dernier au-dessus de l'homme civilisé dont il révèle, par contraste, les fautes et les crimes. En prolongeant le judaïsme sur ce point, le christianisme a en effet enseigné aux Européens que la créature humaine a été chassée du Paradis terrestre pour vivre dans le travail et la souffrance, ce que les philosophes entendront plus tard par l'aliénation. Saint Augustin complètera le récit de la Genèse, et le durcira, en forgeant l'idée de péché originel pour désigner le mal qui est entré dans le monde lors de la Chute. À la suite de la désobéissance d'Adam, qui vivait dans l'innocence de la création, tous les hommes sont désormais affectés du seul fait de leur naissance. Les Grecs avaient certes connu le mythe d'une époque primitive et heureuse dont les hommes des temps présents étaient exclus, que ce soit avec l'âge d'or chez Hésiode ou avec l'idéalisation de l'Athènes archaïque chez Platon. Le christianisme va beaucoup plus loin dans la rupture entre l'homme tel qu'il sort des mains de l'auteur de la nature, et l'homme tel qu'il a été déformé par une société dont le seul moteur est l'amour propre. La catégorie philosophique de l'aliénation, qui joue un rôle capital chez Rousseau, Hegel et Marx, est la transposition de la catégorie religieuse du péché originel.

L'homme européen, car cette aliénation concerne le seul homme européen, a toujours ressenti dans sa philosophie et dans sa littérature le malaise de sa condition. Nul ne l'a mieux exprimé que Lamartine : « L'homme est un dieu tombé qui se souvient des cieux[22] ». Mais ce souvenir heureux, issu d'un rêve ou d'une révélation, commande son attitude à l'égard d'une réalité pénible qu'il cherche à déprécier. Il lui faudra donc ensauvager l'humanité en projetant sur les sauvages des explorateurs ou les indigènes des écrivains, l'Aotourou de Bougainville ou l'Orou de Diderot, ce que l'homme européen cherche en vain en lui-même. Là où l'existence de l'homme civilisé se présente comme médiation, à travers la science, la philosophie et les arts qui travaillent sans cesse leur matériau, la vie de l'homme naturel s'offre comme immédiateté sans que rien vienne s'interposer entre le monde et lui. Or, ce modèle primitiviste est une invention de la civilisation quand elle cherche à connaître le fond obscur dont elle est

22. Lamartine, *L'Homme, Méditations poétiques.*

issue. Plus la civilisation avance et impose ses mœurs et ses œuvres aux autres peuples, plus elle ressent un malaise qui provient du divorce entre l'homme artificiel, tel qu'il est réalisé dans la société, et l'homme naturel, tel qu'il est idéalisé hors de l'histoire. L'idéalisation de l'un est la condition de la réalisation, et bientôt de la déréalisation, de l'autre.

On le constate chez tous les écrivains qui, depuis les explorations du XVe siècle, ont apporté leur pierre au mythe du bon sauvage. C'est une construction culturelle qui s'est constituée négativement en enlevant, pièce par pièce, tous les vêtements de l'homme civilisé, afin d'obtenir un homme nu, quand ce n'est pas, selon l'expression de Desmond Morris, un singe nu. Sa nudité, comparable à celle d'Adam et Ève, est le témoignage visible de son innocence. Puisque cette recréation de l'homme primitif est ressentie comme imaginaire, on l'identifie au sauvage réel, celui qui a été découvert, et souvent exterminé, par les explorateurs. Il devient le double miroir de la culpabilité du colonisateur, comme on le voit chez Montaigne, et celui de la bonne conscience du philosophe, comme on le voit chez Diderot. Mais c'est toujours le visage de l'Européen que le miroir renvoie à celui qui s'y présente, en y ajoutant, comme chez Lévi-Strauss, la marque de l'expiation de l'ethnographe. Or, le péché originel ressenti par l'Européen, qu'il soit navigateur, colonisateur, missionnaire ou anthropologue, c'est le péché biblique de la connaissance. Et la connaissance porte d'abord sur l'homme qui se saisit à travers la double image du civilisé et du sauvage.

Prenons deux exemples célèbres, celui de Jacques Cartier, pour la Nouvelle France, et celui de Bougainville, pour Tahiti. Quand Jacques Cartier aborde en 1534 la région orientale du Saint-Laurent qu'il nommera Canada d'après un terme iroquois, il reconnaît aux autochtones, dont il apprend la langue, une âme aussi pure que celle des enfants. Loin de les combattre, il les considère comme des êtres humains dignes de recevoir l'enseignement du christianisme ; il ramènera ainsi à Saint-Malo les deux fils d'un chef indien qui apprendront le français avant de repartir au Canada avec lui. En 1768, deux siècles plus tard, Bougainville débarque à Tahiti dont il prend possession au nom de Louis XV. Cette île magnifique, qu'il appelle la « Nouvelle Cythère », le transporte véritablement dans « le Jardin d'Éden ». Le peuple maori, écrit-il d'abord, connaît « toutes les apparences du bonheur ». Mais, après avoir longuement conversé avec Aotourou qu'il conduit à Paris et présente à Versailles, Bougainville reconnaît que les Polynésiens ne jouissent pas de la liberté qu'il avait imaginée. « La distinction des rangs est fort marquée à Tahiti et la disproportion cruelle. Les Rois et les Grands ont droit de vie et de mort sur leurs esclaves et leurs valets ; je serais même tenté de croire qu'ils ont aussi ce droit barbare sur les gens du peuple qu'ils nomment *Tata-einou, hommes vils*[23] ». On pourrait multiplier les exemples et citer encore, parmi une abondante littérature, le *Dialogue de Monsieur le Baron de Lahontan et d'un sauvage de l'Amérique*. Le sauvage, nommé Adario, fait la leçon au Français à propos des lois et des châtiments de son pays : « Quel genre d'hommes sont les Européens ! Quelle sorte de créatures qui font le bien par force et n'évitent à faire le mal que par la crainte des châtiments[24] ? »

Une fois de plus, l'idéologie primitiviste fonctionne littérairement et touche affectivement le lecteur. Les écrivains mettent tout en œuvre, en projetant sur leurs personnages leurs sentiments, pour convaincre que la société des Indiens est

23. L. A. de Bougainville, *Voyage autour du monde*, II, 3, Paris, Gallimard-Folio, 1982, p. 267.
24. La Hontan, *Dialogue de Monsieur le Baron de Lahontan et d'un sauvage de l'Amérique*, Cabris, Sulliver, 2005.

moralement supérieure à la société européenne. Mais leurs livres s'adressent-ils aux Européens ou aux Indiens? J'aurai l'occasion de revenir sur cette prosopopée qui donne la parole au bon sauvage pour mieux exprimer les idées du méchant civilisé. Il tient à cet étrange jeu de contrastes qui révèle en dernier ressort la ruse de la raison pour reconnaître, sous le sauvage qui refuse la culture qu'on lui apporte, le civilisé qui la critique pour mieux la justifier.

II

L'Idée de l'Europe

L'identité de la culture européenne ne se limite pas à la triade géographique Athènes-Rome-Jérusalem que l'on mentionne le plus souvent. On a pu l'accroître en une tétrade Athènes-Rome-Jérusalem-Cordoue, puis en une pentade Athènes-Rome-Jérusalem-Cordoue-Florence à laquelle on ajoutera Paris si l'on suit Victor Hugo qui identifiait l'Europe à la Ville lumière. Les cités offrent des illustrations commodes, mais insuffisantes, de la civilité d'une culture qui s'est inscrite dans ces lieux prestigieux où l'idée de civilisation s'est épanouie. Une ville ou une capitale n'est que le cadre où le tableau vient rayonner. Or, même si le cadre ajoute à la peinture, selon le vœu de Baudelaire, « je ne sais quoi d'étrange et d'enchanté », c'est la peinture que l'on vient admirer. Et la peinture européenne, telle que l'ont comprise les théoriciens, est une peinture de l'Idée platonicienne en un sens paradoxal, puisque, comme on sait, Platon bannissait les peintres de sa cité. La peinture utilise en effet des procédés illusoires comme la perspective qui font croire à sa vérité alors qu'elle n'est qu'une représentation, c'est-à-dire un simulacre. Mais les peintres toscans et vénitiens utilisèrent Platon contre Platon en idéalisant leur art. Si la peinture, selon l'expression de Léonard, est *cosa mentale*, c'est parce que l'esprit, *mens*, est toujours sous l'inspiration de l'*idée*. Qu'elle soit portrait, statue ou symphonie, la culture européenne est naturellement *archi*tectonique : elle vise l'*arché*, le principe idéal de son expression, et elle développe à partir de lui une articulation rationnelle analogue à la structure d'une cathédrale.

Je prendrai comme exemple du privilège de l'Idée la consécration de la coupole de Santa Maria del Fiore, élevée par Brunelleschi, en la rapprochant du motet à quatre voix de Guillaume Dufay, *Nuper Rosarum Flores (Naguère, des fleurs de roses).* Le Pape commanda le motet au compositeur flamand pour la cérémonie qui se tint à Florence le 25 mars 1436. Selon certains musicologues, les mesures mathématiques de la pièce musicale reproduisent exactement les proportions de la cathédrale. Le rapport entre les quatre sections du motet se montant aux nombres 6 : 4 : 2 : 3 équivaut en effet à la longueur de la nef : 6, à la largeur du transept : 4, à l'abside : 2, et au dôme de Brunelleschi : 3[1]. Dufay aurait composé son chant de gloire comme une prière musicale qui monte des trois parties de la cathédrale, la nef, le transept, l'abside, et achève son ascension spirituelle au sommet du dôme. Une autre hypothèse liée à des spéculations arithmologiques met en évidence les chiffres 4 et 7 dans les quatre strophes de sept lignes du motet, chacune composée de sept syllabes, le nombre sept évoquant les sept piliers du Temple[2]. On le retrouve dans les sept piliers de la reliance maçonnique, le septuple encensement de l'autel lors de la cérémonie de la Dédicace, mais aussi la tradition des sept joies, des sept douleurs et des sept fêtes de la Vierge. Ces divers

---

1. C. Warren, « Brunelleschi's Dome and Dufay's Motet », *Musical Quartely*, n° 59, 1973. Cf. *O Gemma Lux*, Intégrale des motets isorythmiques de Guillaume Dufay, Huelgas-Ensemble, Harmonia Mundi, 2000. *Nuper Rosarum Flores* est interprété sur YouTube.
2. C. Wright, « Dufay's *Nuper Rosarum Flores*, King Solomon's Temple, and the Veneration of the Virgin », *Journal of the American Musicological Society*, vol. 47, n° 3, Automne 1994.

symbolismes peuvent paraître excessifs. Il est de fait, pourtant, que les œuvres d'art européennes présentent une construction architecturale complexe que beaucoup de créateurs ont assimilée à la structure de l'âme. Bach signait ainsi de son nom le motif à quatre notes B A C H en notation allemande, soit *si bémol-la-do-si bécarre*, dans la XIXe fugue inachevée de l'*Art de la fugue* comme si son identité se confondait avec celle de la musique[3]. Franz Schubert, Arnold Schoenberg et Béla Bartók ont fait de même, en hommage à Bach, mais aussi en souvenir d'une tradition qui identifie l'âme du créateur à l'univers qu'il a créé.

La primauté de l'Idée

Cette fusion de la musique et de l'architecture, ou celle de l'homme et de la fugue, évoque la correspondance étroite de l'âme et du monde qui vient de la tradition platonicienne. Elle identifie systématiquement l'œuvre de l'homme à la rationalité

3. Philipp Emanuel Bach, le deuxième fils du compositeur, écrit sur le manuscrit de *L'Art de la fugue* : « L'auteur est mort en écrivant cette fugue dans laquelle le nom de BACH est introduit comme nouveau sujet. »

de l'Idée. Je ne dis pas que la culture européenne serait simplement porteuse d'idéal dans ses démarches intellectuelles pour élever un hymne à ses projets scientifiques, juridiques et politiques. Je pense plus exactement qu'elle est sous l'emprise de l'*Idée* dans le sens où Platon l'a entendu pour la première fois. L'étymologie de la racine *wid*, présente dans le latin *video* et dans les termes impliquant la vision, indique que le grec *idea*, dont le français tire le mot *idée*, exprime le simple fait de voir. Une idée désigne, dans les textes antérieurs à ceux de Platon, par exemple chez Pindare, l'aspect visible d'un corps humain : *idéa to kalón* lit-on au vers 103 de la Xe *Olympique* pour saluer la stature du vainqueur dont les formes sont comme sculptées dans la chair.

C'est Platon qui, reprenant ce terme dont le sens de forme ou de contour corporel était courant, lui fait subir une métamorphose en lui donnant le sens de forme ou de contour incorporel. Là où l'*idea* traditionnelle désignait la forme visible qui permet de reconnaître un être sensible, par exemple l'*idea* d'homme qui s'applique à tel individu que je n'ai pourtant jamais vu, l'*idea* platonicienne désigne désormais la forme invisible qui permet de reconnaître un être intelligible en l'appliquant au monde des apparences.

Lorsque Socrate enseignait le « connais-toi toi-même », c'était pour inciter l'homme à dépasser les données empiriques pour dégager en lui une forme intelligible, ce qu'implique l'idée d'homme, c'est-à-dire son humanité. Or, c'est là que se situe la révolution platonicienne, l'humanité de chaque individu n'est plus exprimée par ce qui est visible en lui, ce corps singulier que je saisis par les yeux de mon corps, mais par ce qui est invisible en lui, son humanité universelle qui dépend de ce que je ne vois jamais : son âme. Et son âme ne peut se voir que par l'œil de mon âme qui, à son tour, ne se voit jamais.

Je n'essaie pas de plaquer une théorie philosophique, constituée d'éléments abstraits, sur une culture européenne, balisée d'œuvres concrètes, et, pour reprendre le terme d'*idea*, bien visibles. Je rappelle seulement que les œuvres d'art effectives, en musique, en peinture, en architecture ou en sculpture, ne se réduisent pas à leur manifestation sensible, quel que soit le plaisir esthétique que nous avons à les goûter. Il en va de même de la littérature et de la poésie qui font signe au-delà de leur manifestation immédiate. Pour reprendre la sentence de Paul Klee en tête de son *Credo du créateur*, « l'art ne reproduit pas le visible. Il rend visible ». Et il ne peut rendre visible que cet invisible qui sculpte de l'intérieur la forme matérielle visible, comme l'humanité invisible sculpte de l'intérieur la forme humaine visible. Aussi Klee n'hésitait-il pas à faire une profession de foi platonicienne en reconnaissant que l'acte de création est toujours soumis à l'Idée. « Au commencement, il y a bien l'acte ; mais au-dessus, il y a l'idée. Et puisque l'infini n'a pas de commencement déterminé mais, comme le cercle, est sans commencement ni fin, on doit admettre la primauté de l'idée[4]. »

Cette primauté tient à la propriété de l'Idée platonicienne d'être une ouverture, ou de se donner à travers une ouverture. Elle est le principe qui conduit l'âme à ce qui l'appelle à s'ouvrir vers ce qui est autre, et donc étranger. J'en donnerai un exemple simple. L'invention politique majeure de l'Europe, depuis son apparition dans les cités grecques et sa réalisation dans les États modernes, a été celle de la démocratie. On peut contester cette forme de gouvernement pour ses insuffisances, ses fautes, voire ses crimes qui interdisent aux sociétés qui s'en réclament d'appliquer parfaitement leurs principes dans la vie réelle. Mais cette critique n'est possible que sur le fond de l'Idée démocratique

4. P. Klee, *Théorie de l'art moderne* (1925), Paris, Denoël, 1977, p. 36-37 ; Gallimard-Folio, 1998, p. 36.

qui permet à chacun de s'exprimer et de partager les mêmes droits politiques avec ses concitoyens. Si la démocratie est une Idée de la raison qui sert de régulation à l'action politique, comme le dit Klee, elle est sans commencement sans fin. Loin de se réduire au concept, qui est la représentation générale d'un ensemble d'objets singuliers, l'Idée est l'instance transcendante qui, par sa nature intelligible, commande les réalités visibles et permet de les connaître. Kant en a donné la définition la plus claire : « Une Idée n'est rien d'autre que le concept d'une perfection encore absente de l'expérience. Ainsi de l'Idée d'une république parfaite régie selon les lois de la justice[5]. »

L'illustration la plus connue en est l'allégorie de la caverne au livre VII de la *République*. Le prisonnier serait dans l'impossibilité de se libérer de ses liens et de s'arracher au monde qui est le sien, s'il n'était pas appelé, Bergson disait « aspiré », par l'Idée de liberté au-delà de l'ouverture du souterrain. Platon l'identifie au Soleil qui donne vie, chaleur et clarté au monde, un monde qui est orienté vers lui et qui discerne confusément sa clarté au fond de la caverne. La

---

5. E. Kant, *Propos de pédagogie*, *Œuvres philosophiques III*, Paris, Gallimard, Bibliothèque de La Pléiade, 1986, p. 1152.

libération de l'homme n'est donc possible que s'il répond à l'appel de l'Idée qui, le tirant du fond de sa prison, le conduit hors de ce monde. C'est un tel mouvement d'élévation que Platon nomme du terme de *paideia*, « culture » ou « éducation ». L'Idée est ainsi la double condition de la formation de l'homme et de la connaissance du monde. La réalité sensible ne prend sens que par son insertion dans une trame intelligible qui permet à l'homme de comprendre ce qui l'entoure et de se comprendre lui-même. On reconnaît la leçon platonicienne de la séquence d'ouverture de *2001 : l'odyssée de l'espace*. Une instance supérieure, extérieure à la Terre, vient libérer l'homme primitif de son animalité en lui faisant inventer son premier outil, et sa première arme, du fait de sa seule présence. Cette instance mystérieuse, dont nul ne connaît la nature, ni le héros du film ni le réalisateur ni le spectateur, incarne l'idée d'intelligence. Elle ne pouvait donc être représentée sur l'écran que par une forme géométrique, c'est-à-dire par une idéalité mathématique : un monolithe noir aux arêtes parfaites, aussi parfaites que l'idée de figure géométrique conçue par le mathématicien dans un parallélépipède abstrait. Dénuée de matière, l'Idée relève du seul ordre de la pensée.

L'Idée européenne est donc au-dessus de l'Action européenne, pour reprendre la formule de Paul Klee. Et c'est parce qu'elle est un foyer infini de possibles, comme le note encore le peintre, qu'elle entraîne l'action vers de nouvelles réalisations possibles, ouvrant même la voie à l'impossible : s'arracher par exemple, non plus à la caverne, mais à la Terre pour aller sur la Lune ou sur Mars. La conquête de l'espace, dans laquelle le président Kennedy voyait le signe d'une Nouvelle Frontière à franchir, est la manifestation la plus spectaculaire de la conquête de l'intelligibilité. Il faut que la connaissance continue son exploration du monde pour s'approcher au plus près de l'Idée qui la commande. Mais elle sait au fond d'elle-même qu'elle devra revenir aux réalités sensibles, redescendre dans la caverne, ce sur quoi conclut le film de Kubrick, et reprendre après une nouvelle naissance, qui est une renaissance, sa marche en avant.

Personne ne peut épuiser l'infini, mais chacun peut s'orienter vers lui comme le navigateur dirige son gouvernail d'après une étoile qu'il n'approchera jamais. Aussi, depuis Platon qui a légué à la pensée européenne la forme solaire de la connaissance et les Lumières qui lui sont attachées, les philosophes et les écrivains ont utilisé l'image de l'étoile pour évoquer l'idée transcendante qui donne à l'action sa justification. Kant témoignait ainsi de son admiration pour le ciel étoilé au-dessus de lui et la rapprochait de sa vénération pour la loi morale au fond de lui. Une seule connexion idéelle unissait à ses yeux la théorie de la connaissance et la pratique de la morale. Le cosmos, dans sa vastitude infinie, est le miroir d'une âme qui s'ouvre infiniment à la connaissance, et l'âme, en retour, est le reflet de la raison universelle qui commande la loi morale. Hegel saluera pour sa part, presque dans les mêmes termes, l'esprit humain qui reste fidèle à son orientation vers l'Idée, tout en le mettant en garde contre le repli sur son intériorité : « Il n'y a qu'*une* étoile qui brille, l'étoile intérieure de l'esprit; car c'est l'*Étoile polaire.* Mais il naturel qu'une sorte de frisson d'horreur saisisse l'esprit tout seul avec lui-même : on ne sait pas encore à quoi l'on en viendra, dans quelle direction on ira[6] ».

Julien Benda était donc fondé à dénoncer les défaillances de l'Europe entre les deux guerres mondiales dans son *Discours à la nation européenne.* Pour l'essayiste, la trahison de l'Idée européenne avait naturellement accompagné la trahison des clercs. Il rappelait à un monde qui avait

---

6. Hegel, *Leçon inaugurale de Berlin* (1818), *in* Jacques D'Hondt, *Philosophie de l'histoire vivante,* Paris, PUF, 1966, p. 28. Souligné par Hegel.

déserté son héritage spirituel le principe qui le poussait depuis des siècles dans une seule voie : « Ces hommes d'autrefois furent très grands avec leurs yeux fixés sur une Idée, sur un universel abstrait et éternel[7] ». Benda n'a pas été le seul écrivain à dénoncer l'aveuglement de l'âme européenne. Dans son violent pamphlet de 1917, Fernando Pessoa adressait un *Ultimatum* à l'Europe en dénonçant la faillite absolue d'une culture dont les créateurs n'étaient plus que des noms sur des tombes oubliées. Fidèle à l'élan des explorateurs portugais qui, aux confins de l'Europe, avaient appareillé vers de nouveaux mondes, le poète retrouvait l'image majeure de la transgression européenne :

« Ouvrez toutes les fenêtres ! Ouvrez plus de fenêtres que toutes les fenêtres qu'il y a dans le monde ! »

Livrée à ses massacres, l'Europe n'avait plus désormais « aucune grande idée, aucun concept fini, aucune ambition impériale d'empereur-né ! Aucune idée de structure, aucun sens de l'Édifice, aucune soif de l'Organiquement-Créé ! »

Pessoa énonçait alors ce qui a toujours mobilisé l'exigence européenne en lançant un appel à de nouveaux créateurs :

---

7. J. Benda, *Discours à la nation européenne* (1933), Paris, Gallimard, Idées, 1979, p. 46.

« L'Europe réclame la Grande Idée dont seraient investis ces Hommes Forts – L'Idée qui porterait le nom de sa richesse anonyme ! » Et il terminait sur ce morceau de bravoure qui consonne avec l'ouverture qui aspire l'Europe vers l'universel :

« Je proclame tout cela bien haut et à l'apogée, sur la barre du Tage, le dos tourné à l'Europe, les bras levés, les yeux fixés sur l'Atlantique en saluant abstraitement l'Infini[8] ! »

Le soin de l'âme

On doit évidemment faire la part de l'exaltation poétique chez Pessoa. Mais on doit aussi retenir les éléments essentiels qui définissaient à ses yeux la culture européenne. C'est leur disparition qui expliquait son inquiétude d'homme, de citoyen et de penseur. L'Europe a abandonné sa volonté d'ouverture au monde en refermant ses fenêtres sur elle-même ; elle a oublié la Grande Idée qui justifiait l'ambition impériale de la connaissance ; elle a perdu le sens de la création organique et de l'architecture des œuvres ; elle ne sait plus regarder du côté de l'infini de façon

8. F. Pessoa, « Ultimatum » (1917), *Le Chemin du serpent*, Paris, Christian Bourgois, 1991, p. 49-50, 54 et 63.

abstraite, c'est-à-dire en s'appuyant sur la raison. En toutes choses, elle s'est détournée de ce qui élevait l'âme, non pas à la hauteur de l'homme ou à celle du monde, mais à la hauteur de l'Idée qui structure à la fois le monde et l'homme. Elle ne parvient plus, en somme, à édifier une culture parce qu'elle n'entend plus cet appel lointain qui pousse à la création. Son âme, désormais close sur elle-même, se complaît dans l'amertume du passé et la muséalisation des œuvres.

Le génie de l'esprit européen se trouve concentré dans cette profession de foi : la théorisation d'un *regard* tourné vers la transcendance de l'Idée ; l'amour de l'*abstraction* qui est le moteur de cette recherche théorique ; le culte de l'*infini* tendu vers le progrès humain. En même temps, l'esprit européen, j'y reviendrai, porte toujours un regard *critique* sur lui-même et n'hésite pas, comme le dit Pessoa, à tourner le dos à l'Europe quand elle se montre infidèle à son idéal. Ces quatre traits majeurs – le regard, l'abstraction, l'infini et la critique – étaient déjà présents dans la théorie platonicienne de la connaissance. Qu'il porte sur les représentations sensibles, dans l'art, ou sur leur modélisation intelligible, dans la science, l'esprit européen prend toujours la forme d'un regard transcendantal orienté vers l'Idée. J'entends le mot

« transcendantal » dans le sens kantien, comme la condition de possibilité d'un objet de connaissance que le sujet humain découvre en lui. Le regard transcendantal désigne cette fonction universelle de l'esprit qui unifie l'ensemble de ses représentations en une conscience unique[9]. C'est en ce sens que Pierre Magnard a pu définir l'Europe, d'un magnifique trait, comme « ce retour sur soi d'un regard porté aux limites du monde[10] ».

Le philosophe tchèque Jan Patočka est allé plus loin que Fernando Pessoa dans son identification de l'Europe à la pensée platonicienne. Son maître livre, *Platon et l'Europe*, composé de onze conférences tenues à Prague en 1973, est fondé tout entier sur l'exigence platonicienne du soin ou du souci de l'âme. Patočka discerne en lui l'idée rationnelle qui a commandé l'héritage européen et emprunte explicitement à Platon la réalité de la réminiscence. L'Idée est en effet première par rapport à l'âme, non pas dans le temps, puisqu'elle

9. J'ai développé ce thème du regard transcendantal dans *Le Regard vide. Essai sur l'épuisement de la culture européenne*, Paris, Flammarion, 2007.

10. P. Magnard, « Y a-t-il une identité européenne ? », *in* Francis Jacques, *Les Racines culturelles et spirituelles de l'Europe*, Paris, Éditions Parole et Silence, 2008, p. 110.

est éternelle, mais dans l'être de ce qui la met sur la voie de la connaissance. Cette hypothèse métaphysique peut être appliquée au domaine épistémologique ou au domaine juridique. J'en proposerai deux exemples convergents. Lorsque Alain Connes, lauréat de la médaille Fields, défend le réalisme platonicien des objets mathématiques, il entend par là, comme Bertrand Russell, Gottlob Frege ou Kurt Gödel, qu'ils sont absolument indépendants de la pensée humaine. Il croit en l'existence d'une « réalité mathématique archaïque » qui précède l'exploration, puis la démonstration, que le mathématicien peut en faire. Aussi n'hésite-t-il pas à dire que cette réalité mathématique irréductible, plus résistante que la matière aux prises de l'homme, « échappe à toute forme de localisation dans l'espace ou dans le temps. Si bien que lorsqu'on en dévoile ne serait-ce qu'une infime partie, on éprouve un sentiment d'éternité. Tous les mathématiciens le savent ». Et Connes de redoubler de platonisme en avançant « qu'on s'apercevra un jour que la réalité matérielle se situe en fait à l'intérieur de la réalité mathématique[11] ».

11. O. Postel-Vinay, « Alain Connes : La réalité mathématique archaïque », *La Recherche*, n° 332, juin 2000.

Montesquieu soutenait une hypothèse similaire quand il s'interrogeait sur l'origine de la justice. Après avoir défini les lois comme les rapports nécessaires qui dérivent de la nature des choses, il affirmait qu'une raison primitive préexiste à l'apparition de l'homme. Si l'on veut comprendre l'invariabilité des lois physiques, comme celle des lois humaines, en d'autres termes leur universalité, il faut supposer que leur existence est antérieure à leur découverte. Avant que la nature fasse apparaître des êtres intelligents, ils étaient possibles et entraient donc dans des rapports possibles soumis à des lois possibles. « Avant qu'il y eût des lois faites, il y avait des rapports de justice possibles ». Et Montesquieu, dans une image géométrique que ne renierait pas Alain Connes, de préciser : « Dire qu'il n'y a rien de juste ni d'injuste que ce qu'ordonnent ou défendent les lois positives, c'est dire qu'avant qu'on eût tracé de cercle, tous les rayons n'étaient pas égaux[12] ». Le rationalisme européen a toujours reposé, dans l'ordre juridique, sur le Droit naturel dont les principes s'imposent à tous les hommes au même titre que, dans l'ordre

12. Montesquieu, *L'Esprit des Lois*, Première partie : I. « Des lois en général », premier chapitre.

physique, les propriétés des êtres naturels s'imposent à tous les esprits.

Le lien de raison entre l'esprit du mathématicien et celui du juriste, l'esprit du philosophe et celui du physicien, implique donc qu'ils sont accordés à la possibilité des objets idéaux et que leur âme, pour reprendre le terme de Platon, de Bergson et de Patočka, se forme progressivement à leur contact. C'est là que Patočka fait intervenir le thème du soin de l'âme pour explorer les possibles ouverts par la transcendance de l'Idée. À ses yeux, il s'agit du principe fondateur dont l'Europe est issue tant dans ses efforts vers la vérité que dans son aspiration à la justice. L'âme humaine ressent immédiatement ce souci d'elle-même dès qu'elle découvre sa propre étrangeté. Absente à son propre lieu, le corps, puisqu'elle peut l'objectiver ou le nier, l'âme se pense à partir d'une origine étrangère. Aussi la philosophie platonicienne, qui insiste sur l'urgence pour l'être humain de se soucier de son âme, est vécue sur le mode d'une absence irrémédiable qu'une recherche infinie peut seule combler.

Qu'est-ce que l'âme ? Patočka la définit comme « ce qui possède un savoir sur la totalité du monde et de la vie, ce qui est capable de prendre en vue cette totalité, ce qui vit à partir de cette vision, ce qui, en tant qu'il y a en lui le savoir concernant le tout, est en totalité et par rapport à ce tout[13] ». L'âme est donc un principe de vie qui se dilate à l'échelle du monde pour unifier la connaissance dans un système universel. Si l'on peut parler de ce souci de l'âme, autour duquel l'Europe a cristallisé sa culture, c'est dans la mesure où il désigne la préoccupation de ce qu'il y a de plus précieux dans l'homme. Elle se situe au croisement des trois orientations de la pensée théorique : le souci de la compréhension du monde en tant que monde dans l'universalité de la vérité – la science ; le souci de la vie commune en tant que commune dans l'universalité de la justice – la politique ; et le souci de la compréhension de l'âme en tant qu'âme dans l'universalité du bien : l'éthique. Patočka insiste sur l'exigence théorique de ce triple souci de l'âme en revenant à l'étymologie du mot *theoria* : le « regard ». Il affirme que « la caractéristique spécifique de la vie européenne », comprise comme le primat de l'intuition d'une essence idéale sur laquelle se greffe la connaissance, est bien le « regard dans ce qui est[14] ». Le regard

13. J. Patočka, *Platon et l'Europe* (1973), Lagrasse, Verdier, 1983, p. 20.
14. J. Patočka, *Platon et l'Europe*, *op. cit.*, p. 98 et p. 159.

porté dans l'être est en même temps un regard que l'âme porte sur elle-même.

Nous sommes en présence de la thèse majeure de Patočka qui alimente sa réflexion philosophique, dans ses séminaires de Prague, et son action politique, dans sa résistance au communisme qui verra triompher la Révolution de velours. Il n'hésite pas alors à écrire : « Le souci de l'âme est donc ce qui a engendré l'Europe – nous pouvons soutenir cette thèse sans aucune exagération[15] ». C'est bien l'intuition platonicienne de ce souci, dont la culture européenne a hérité, qui a forgé le lien entre le désir de connaissance du monde, l'exigence de justice de la cité et la vocation de l'âme à se connaître elle-même puisqu'elle se forme dans la réponse à cet appel. Socrate l'avait le premier compris en enseignant à Alcibiade qu'il n'était ni un corps, ni un corps doublé d'une âme, mais une âme dont il lui fallait à tout moment prendre soin en obéissant à l'impératif delphique : « Connais-toi toi-même ». C'est le même souci qui conduit Patočka à écrire, en une sentence définitive :

15. J. Patočka, *Essais hérétiques*, Lagrasse, Verdier, 1981, p. 93.

« L'histoire de l'Europe est en grande partie, jusqu'au XVe siècle environ, l'histoire des tentatives faites pour réaliser le souci de l'âme[16] ».

Le regard européen a envisagé dès lors le monde sous une forme systématique, non pas comme une diversité d'éléments à agréger, mais comme un problème théorique à construire. L'abstraction de l'Europe, dont font état tous ses penseurs – « La civilisation européenne est abstraite » affirme Patočka pour souligner son universalité[17] – est l'effet et non la cause d'un tel regard. Le regard qui perce vers son horizon naturel provient d'une ouverture, « œil de l'âme » disait Platon, « âme ouverte » dira Patočka, qui n'est jamais vide, mais pleine d'une possibilité infinie de sens. Tout regard possède, par sa visée, un sens qui advient dans l'ouverture elle-même, ou, si l'on préfère, tout regard est intentionnel. Mais comme il ne suffit pas d'ouvrir les yeux pour voir, en l'absence de lumière, il ne suffit pas de jeter les regards sur un objet pour constituer un concept qui ferait, d'un ensemble disparate, un problème.

---

16. J. Patočka, *Platon et l'Europe, op. cit.*, p. 45.
17. J. Patočka, *Platon et l'Europe, op. cit.*, p. 236.

Le modèle du monde

Si la pensée européenne a suivi la voie de l'abstraction pour accéder à l'universel, c'est à l'altérité de l'Idée qu'elle le doit. Poser l'idée de vérité en science, l'idée de justice en politique ou l'idée de bien en éthique, c'est écarter d'emblée les faits empiriques qui encombrent le champ de la connaissance, celui de l'action et celui de la réflexion. Patočka revient sur ce point avec insistance. La transcendance de l'Idée est une force de distanciation à l'égard de toutes les réalités possibles et donc de la totalité du monde. C'est ainsi que l'homme éprouve, en s'arrachant aux faits bruts, l'expérience de la liberté. Socrate fut le premier à en témoigner aussi bien par ses questions que par l'aveu de son ignorance. Puisque l'infinité du monde est impossible à totaliser, la liberté humaine est aussi infinie : elle ne s'arrête pas aux choses singulières qui tombent sous son regard et peut toujours les dépasser pour les transformer en concepts. Comme il n'est pas possible d'unifier l'ensemble des objets présents dans l'univers, nous unifions chacun d'eux dans des catégories en nous unifiant nous-mêmes à mesure du processus de conceptualisation. C'est ainsi que s'est formé le concept européen de sujet connaissant, c'est-à-dire le concept universel d'homme.

L'Europe a inventé, sur le fond du langage qui est le trait commun de l'humanité, le concept qui est le modèle universel de la rationalité. Là où les autres peuples ont pensé avec des images, des symboles et des signes, les peuples européens ont pensé avec des concepts, non parce qu'ils concevaient le monde, mais parce qu'ils s'en emparaient pour le réduire à son armature logique. La force du concept, d'aucuns diront sa violence comparée à la douceur du symbole, tient à son tranchant. Les notions que les géomètres grecs utilisèrent, et après eux les philosophes, présentaient des arêtes aiguës du fait de leur précision, ce que la langue des Romains nommera *conceptum*[18]. À la différence du mot, l'unité sémantique qui indique la chose, le concept est une opération sur la chose et une intégration du monde empirique dans un réseau rationnel. Aussi son opération est-elle d'une efficacité redoutable. Gilles Deleuze n'hésitait pas à définir la philosophie, dans la lignée de Hegel, comme une création de concepts. C'est également ce que fait la science en multipliant les concepts pour constituer de nouveaux modèles. On peut étendre cette définition à l'ensemble de

18. *Conceptum* vient de *concipere* (*cum-capere* : « prendre avec soi », « s'emparer »).

la pensée européenne où le concept est toujours présent. Si le mot « fleur », en vérité son concept, est « l'absente de tout bouquet », une telle absence est créatrice car c'est en occultant la fleur réelle, celle qui vient d'être cueillie, et en négligeant le nom qui la dépeint, que nous parvenons à concevoir ce qu'elle est. Le concept traduit l'absence des qualités florales car il ne fleurit pas dans un pré, ni dans un vase, mais dans le raisonnement.

Il exclut donc l'image de sa représentation médiate parce qu'elle est encore attachée à la forme visible de l'objet considéré. Le concept de cercle n'est pas plus circulaire que le concept de montagne n'est montagneux. Loin de se réduire à une entité linguistique, il relève de la vie de la pensée car, comme l'ont établi les épistémologues, il est le corrélat des actes intentionnels de la connaissance. Sans se confondre avec l'idée, qui garde sa transcendance, le concept est un objet intellectuel dont la médiation permet à la pensée de viser la réalité, non pas dans sa singularité, mais dans son universalité. Il possède donc un contenu identique qui récuse les contenus approchants – le concept de cercle n'est pas le concept d'ellipse – et s'adapte aux réalités concrètes sur lesquelles il porte. Mais en même temps, son intentionnalité rejaillit sur l'activité du sujet connaissant qui forge sa propre identité, celle de l'homme, à travers celle des concepts. Hegel ira jusqu'à dire que le concept, précisément parce qu'il se détache de la réalité immédiate, est le mode d'une existence libre, de sorte que le concept n'est pas autre chose que la conscience de soi. L'être humain est au fond le concept qui parvient à l'existence dès qu'il médiatise son rapport aux objets en se libérant de leur attachement premier. Le concept des Européens, et par conséquent le concept de l'Europe, n'est rien d'autre que la possibilité de se détacher des choses dans leur immédiateté pour les intégrer dans des modèles rationnels afin de les expliquer et d'agir sur elles.

Platon reconnaissait dans les Idées les modèles ou paradigmes des réalités sensibles qui tiraient d'elles leur signification. Les Idées étaient donc identifiées à des formes exemplaires d'intelligibilité. Le premier modèle théorique connu est celui de la constitution mathématique de l'univers physique dans le *Timée*. Alors que les cosmologies grecques archaïques, chez Thalès et Anaximandre, restaient encore tributaires d'une conception mythique héritée des conceptions babyloniennes ou égyptiennes, la cosmologie platonicienne rompt délibérément avec ce mode de pensée. Elle propose un modèle mathématique de l'univers à partir d'axiomes rationnels selon une argumentation strictement hypothético-déductive. Werner Heisenberg, le théoricien de la mécanique quantique, reconnaîtra ainsi dans le *Timée* la première théorie physico-mathématique fondée sur la formation des composants élémentaires de la réalité.

D'une part, Platon réduit le monde matériel à deux types de triangles rectangles élémentaires, l'un scalène, l'autre isocèle. Ils constituent les faces des quatre solides réguliers, les « corps platoniciens », dont toutes les faces sont des polygones : le tétraèdre (la pyramide), l'octaèdre, l'icosaèdre et l'hexaèdre (le cube). Quant au dodécaèdre, il est traité à part pour représenter la totalité du cosmos. Les quatre premiers polyèdres correspondent aux quatre éléments, l'air, la terre, l'eau et le feu, qui constituent le tissu ultime de la réalité physique. D'autre part, Platon expose les lois mathématiques, associées aux lois acoustiques et donc à la musique des sphères, qui commandent les combinaisons de ces éléments. Ce premier modèle cosmologique présente les deux caractéristiques qui seront celles des modèles scientifiques en Europe : l'idéalité des notions utilisées, ainsi les triangles et les polyèdres, et la nécessité de leurs connexions qui apparaît grâce à la méthode hypothético-déductive du mathématicien. Platon choisit un certain nombre d'axiomes et vérifie la justesse des théorèmes qu'il en déduit en utilisant des règles d'inférence qui, pour lui, régissent aussi bien le *cosmos*, c'est-à-dire l'ordre du monde, que le *logos*, c'est-à-dire l'ordre de la raison. Nous sommes en présence d'une *cosmo-logie* comprise comme l'architecture rationnelle qui constitue toute chose. L'idéalité de cette théorie provient du fait que la constitution mathématique et physique des éléments matériels dépend en dernière instance des formes idéales, étrangères au cosmos physique, sur lesquelles le démiurge se fonde pour façonner l'Âme du monde ou l'énergie qui ordonne l'univers.

Depuis son origine dans la pensée grecque, la science européenne a construit des modèles rationnels de plus en plus complexes. Tous se fondent sur l'hypothèse selon laquelle l'univers, pour citer la remarque de Galilée, « est exprimé dans la langue mathématique et ses caractères sont des triangles, des cercles, et autres figures géométriques, sans le moyen desquels il est humainement impossible d'en comprendre un mot[19] ». Si les caractères des choses sont des idéalités mathématiques, c'est-

19. Galilée, *L'Essayeur* (1623), Paris, Les Belles Lettres, 1979, p. 141.

à-dire des abstractions par rapport à notre expérience, les constructions qu'elles permettent d'élever sont des modèles rationnels dont la pertinence sera vérifiée par le calcul et par l'expérimentation. Le système cosmologique de Ptolémée du deuxième siècle de notre ère, fondé sur le modèle géocentrique d'Hipparque, sera ainsi supplanté par le système de Copernic quatorze siècles plus tard, fondé cette fois sur le modèle héliocentrique.

Copernic construit son système à partir d'un nouveau paradigme théorique et non à partir d'observations plus précises que celles de Ptolémée. Bien au contraire, Tycho Brahé, le grand astronome danois, refusera du faire du Soleil le centre des mouvements célestes en raison de l'absence de lois satisfaisant ses observations. Copernic proposait un nouveau modèle fondé sur des postulats simples : la Terre n'est pas au centre de l'univers; elle tourne sur elle-même selon l'axe Nord-Sud; les autres planètes se meuvent autour du Soleil; la distance entre la Terre et le Soleil est négligeable par rapport à la distance entre le Soleil et les autres étoiles. La révolution copernicienne sera achevée lorsque Kepler, pourtant élève de Tycho Brahé, imposera un modèle plus affiné avec ses trois lois, celle des orbites, celle des aires et celle des périodes qui permettront à leur tour à Newton d'établir au siècle suivant le modèle de la gravitation universelle. Il réussira ainsi à expliquer des phénomènes aussi différents, en apparence, que la chute d'un objet sur le sol, le mouvement de la Lune autour de la Terre et le mouvement des planètes autour du Soleil.

Si le sens premier du terme « modèle » est celui d'une maquette d'architecte exposant les proportions des parties d'un ouvrage d'art, il s'est généralisé pour désigner un dispositif rationnel qui articule logiquement les éléments d'un système autonome. C'est au fond un schéma théorique qui ne reproduit pas exactement la nature du phénomène considéré, par exemple le modèle mathématique susceptible d'expliquer une crise économique, mais le simplifie à partir de ses concepts constitutifs pour toujours l'analyser, souvent l'expliquer et parfois le prédire. Si le modèle européen de rationalité s'est imposé dans le monde comme un outil indispensable d'intelligibilité, c'est dans la mesure où il est fécond sur le plan théorique et opérationnel sur le plan pratique. En bref, et en général, un modèle a un potentiel heuristique important qui oriente la recherche intellectuelle dans des voies inédites. Quand il devient caduc, il laisse place à un modèle plus satisfaisant qui, à son tour, sera dépassé dans une spirale interminable par un modèle plus puissant comme le modèle d'Einstein a supplanté celui de Newton. Le modèle peut même se passer d'une référence naturelle en ne s'appliquant plus au monde réel, comme le modèle euclidien de géométrie, mais à d'autres modèles formels comme les modèles de géométrie non euclidiennes. L'abstraction peut gagner encore de nouveaux champs en créant des modèles théoriques en logique et en mathématiques qui analysent moins la réalité que les opérations formelles qui permettent de les calculer. L'originalité de la pensée européenne, en science comme en art, en philosophie comme en politique et en économie, tient à cette fonction de modélisation universelle qui a permis de jeter des ponts entre un champ théorique idéal, qui doit être analysé, et un monde empirique réel, qui doit être rationalisé. Si l'Idée est la condition de légitimité du concept, le concept est la condition d'intelligibilité de ce qui tombe sous les prises de la modélisation humaine.

Le souci de la cité

C'est cette modélisation qui est la plus grande invention de l'Europe. Le souci de l'âme de Patočka, mais déjà celui de

Socrate, plaçait le souci de la cité plus haut que celui du monde, ou, si l'on veut, la politique plus haut que la physique. Dans la langue de Patočka, qui a d'ailleurs payé de sa vie son engagement, la politique en tant que « projet sur la vie dans la communauté, c'est-à-dire dans notre vie socio-historique », était plus indispensable à l'âme humaine que la science en tant que « projet général sur l'être et l'étant dans le grand système des principes du monde idéal, lui-même principe du monde mathématique[20] ». Bien entendu, les deux se sont avérés indissociables chez les philosophes, les artistes et les savants, pour ne rien dire encore du troisième souci de l'âme, le souci éthique de sa vie intérieure.

Le souci de la cité a permis l'invention de la vie publique en Grèce, bientôt relayée par la philosophie politique dans les dialogues de Platon et les traités d'Aristote. Ce souci sera transmis à l'Europe, par l'intermédiaire de Rome, après l'effondrement de la cité grecque à l'époque où *La Politique* d'Aristote en faisait la théorie. C'était là son chant du cygne, mais le germe est resté présent à travers les siècles. Sous les empires et les monarchies, il concernera à la fois le chrétien, l'homme et le sujet du roi avant

20. J. Patočka, *Platon et l'Europe*, *op. cit.*, p. 119.

que celui-ci ne reprenne aux Romains le titre de « citoyen » dans les républiques. De façon indissoluble, le modèle de l'homme que l'Europe fait peu à peu apparaître va fusionner la dimension religieuse, la dimension éthique et la dimension politique. Là est, sans doute, la grande originalité de l'esprit européen. Sa conception d'une humanité universelle avait été préparée en Grèce par les philosophes sur le fond de la distinction des sophistes entre la justice naturelle, partagée pour tous les hommes, et les lois des cités, appliquées aux seuls citoyens.

Mais les poètes tragiques, comme Sophocle dans *Antigone*, avaient eux aussi supposé que des lois non écrites surplombaient les lois variables des hommes, et qu'il y avait donc, à peine ébauché, un horizon universel pour l'humanité entière. Le relais stoïcien permettra aux lettrés de se familiariser avec l'idée de cosmopolitisme : tous les hommes sont citoyens du monde parce qu'ils vivent sous un dieu unique et sous une loi unique qui est celle du *logos*. Non seulement il existe une justice universelle, qui est celle de la raison, mais encore il est possible, comme le voudra Marc Aurèle, de réaliser une cité mondiale sur le modèle de Rome, à la fois cité, *urbs*, et monde, *orbs*. Les juristes montreront que le droit naturel humain, *jus natura*, découle du droit naturel des êtres animés, *jus naturale*, et s'ouvre à tous les hommes, et non aux seuls Romains, sous la forme du *jus gentium*, le droit des gens. Bien que les esclaves en fussent exclus, avant la révolution du christianisme, ce droit naturel possédait bien une vocation universelle puisque le droit des gens s'appliquait aux étrangers comme aux citoyens.

Le droit naturel chrétien s'articulera au droit naturel romain à travers Augustin et Thomas d'Aquin pour qui la loi naturelle découle de la loi divine dans cette créature rationnelle qu'est l'homme. Même si la loi éternelle, dans son immuabilité, demeure inconnue, la loi humaine, en dépit des variations de temps et de lieux, conserve une application universelle. La synthèse magistrale des réflexions européennes sur l'universalité du Droit et l'universalité de l'homme se trouve dans *L'Esprit des lois*. En cherchant l'essence des institutions humaines, ce qu'il nomme leur « esprit », Montesquieu pose qu'il existe des rapports d'équité antérieurs aux lois positives, et retrouve ainsi l'exigence d'Antigone. Mais il justifie la déduction de la hiérarchie des lois humaines à partir d'un fondement universel qui n'est plus l'appel poétique de Sophocle à Zeus. Au sommet de la hiérarchie se trouve Dieu, créateur de l'univers et origine de la loi universelle. Une première dérivation fait apparaître la nature humaine créée. De cette nature humaine initiale, identique chez tous les hommes, le juriste tire par une deuxième dérivation les lois de la nature : la paix, la subsistance, l'amour et la sociabilité. Ces quatre lois présociales sont dérivées, écrit Montesquieu, « uniquement de la constitution de notre être ». Une ultime dérivation fait alors apparaître les trois grands types de lois positives qui régissent les peuples : les lois religieuses, les lois morales, les lois politiques et civiles. Pour l'auteur, qui condense ici la tradition du droit européen et prépare la conception universelle des droits de l'homme, « la loi, en général, est la raison humaine en tant qu'elle gouverne tous les peuples de la terre; et les lois politiques et civiles de chaque nation ne doivent être que les cas particuliers où s'applique cette raison humaine[21] ».

On ne pouvait mieux souligner les trois aspects du droit naturel européen qui servira de base aux futurs droits de l'homme. 1. La loi est d'ordre rationnel et se présente comme un modèle structuré, ce que réalise Montesquieu avec ses trois dérivations

21. Montesquieu, *L'Esprit des lois*, Première partie, livre I, ch. 2, « Des lois de la nature »; ch. 3, « Des lois positives ».

d'un axiome initial, celui de l'existence de Dieu. 2. Cette raison gouverne tous les peuples de la terre et possède bien une forme universelle. Kant ira plus loin que Montesquieu dans cette universalité en ne parlant plus de l'homme, qui est une espèce vivante particulière, mais de « tout être raisonnable ». La loi morale, purement rationnelle, concerne les êtres doués de raison, même ceux que l'homme ne connaît pas en dehors de la Terre, ou ceux que l'Européen n'a pas découverts dans ses explorations. 3. Les lois humaines que l'on trouve chez tous les peuples, et qui sont infiniment variables, obéissent pourtant, comme des cas particuliers, au primat de la loi universelle. On ne peut donc pas admettre le relativisme moral et opposer une loi à une loi contraire : il y a un fond de rationalité dans la loi qui doit être dégagé d'autant que les lois de la nature dérivent *uniquement*, souligne l'auteur, de la constitution de notre *être*. Le fondement ontologique précède ici le fondement juridique. S'il y a des lois universelles, c'est parce qu'il y a un homme universel. Et cette découverte européenne de l'homme universel est la justification, au-delà des frontières de l'Europe, de l'universalité des êtres humains.

L'équivocité de l'éloge de l'universel, constant dans notre tradition culturelle depuis la Grèce, tient précisément à ce qu'il a été proclamé par les Européens, et seulement par les Européens. C'est donc, pourrait-on dire en une sorte d'oxymore, un *universel européen* dont d'autres peuples ont pu et pourront contester la pertinence. Il est de fait que l'universalité des droits de l'homme, croisée avec celle des droits du citoyen, correspond au souci européen, tel que l'exposait Patočka, de la vie de l'homme dans sa communauté, c'est-à-dire dans sa vie historique. Que l'on considère les différentes Déclarations des droits depuis la *Magna Carta* de 1215 jusqu'à la *Déclaration universelle des droits de l'homme* de 1948. Toutes ont été énoncées par des Européens et sur la base des principes juridiques, politiques et moraux élaborés par les penseurs de l'Europe. Dans sa forme, l'idée de proclamation solennelle, à ce titre symbolique, dont je donnais un exemple poétique avec l'*Ultimatum* de Pessoa, relève du grand style rhétorique européen. Quant à son contenu, celui d'une ouverture élargie de l'universalité à l'humanité, fenêtres ouvertes et frontières abolies, il n'a été présent que dans les institutions européennes. L'origine historique, sinon philosophique, des Déclarations des droits remonte à la *Magna Carta* que les barons anglais arrachèrent à Jean sans Terre le 15 juin 1215. Cette *Grande Charte des libertés d'Angleterre* affirmait le droit à la liberté de l'Église, établissait l'*habeas corpus* contre les emprisonnements arbitraires, instituait un contrôle de l'impôt par le Conseil du Royaume, et garantissait les libertés des villes ainsi que les droits féodaux.

Nous ne sommes pas encore en présence des droits de l'homme, mais des droits des vassaux du roi, ce que les juristes appellent les « libertés anglaises ». Mais on y reconnaît les idées de tolérance religieuse, d'émancipation de la société de l'autorité royale, et de liberté des individus. Une foule d'autres déclarations suivront au XVIIe siècle, comme la *Petition of Right* de 1628, l'*Habeas corpus* en 1679, le *Bill of Rights* de 1689, ou le *Toleration Act* de 1689. Elles seront suivies par les Déclarations américaines qui, pour la première fois, mentionnent, non plus les droits des Anglais ou des Américains, mais les droits *de l'homme*, au singulier du terme. La *Déclaration d'indépendance des États-Unis*, rédigée par Jefferson en juillet 1776, qui justifie la séparation des treize colonies de l'Angleterre, est adressée à « l'opinion de l'humanité », et non à tel ou tel peuple. Elle se fonde sur les principes ontologiques de la tradition européenne dans ses aspects religieux, philosophique et juridique : « Nous tenons pour évidentes les vérités suivantes : tous les hommes sont créés égaux; ils sont doués par leur Créateur de certains droits inaliénables; parmi ces droits se trouvent la vie, la liberté et la recherche du bonheur. » La Déclaration des droits de l'homme et du citoyen, du 26 août 1789, repose sur les mêmes principes, mais dans des circonstances plus troubles du fait de la Révolution française. Elle articulera plus ou moins adroitement les droits de l'homme et les droits du citoyen, alors qu'ils peuvent entrer en conflit. Mais elle ouvrira une brèche historique, du fait de l'influence de la France au siècle des Lumières, en ouvrant la voie à tous les droits possibles de l'Homme. De nouveau, l'Idée continue de commander, comme un foyer infini de possibilités, les déclarations et les actes des hommes.

Le plus surprenant, dans la conquête de l'universalité des droits, tient à la volonté d'autres peuples d'énoncer leurs propres déclarations pour se substituer aux Déclarations des Européens et des Américains, tout en reprenant le modèle européen et américain, c'est-à-dire le modèle universel. Comment pourrait-il d'ailleurs y avoir deux modèles différents d'une humanité universelle? La question a été pourtant posée par d'autres cultures que la culture occidentale. La Déclaration française fut votée à Versailles par une

Assemblée constituante composée de 1118 personnes qui représentaient le peuple français. Représentaient-ils tous les peuples de la planète? Qu'est-ce qui autorisait les constituants anglais, américains et français, tout au plus quelques milliers d'individus issus des classes supérieures, à légiférer au nom de l'humanité passée, présente et future? Ou, pour le dire autrement, qu'est-ce qui autorise des individus particuliers, engagés dans des luttes politiques et sociales particulières, à transcender ces particularités pour affirmer les droits de l'universel? Comment les Déclarations abstraites sur un homme universel peuvent-elles convenir aux situations concrètes des hommes particuliers?

La Déclaration universelle des droits de l'homme du 10 décembre 1948 soulève les mêmes difficultés dans une perspective anthropologique : une culture particulière – et la culture européenne est particulière quand elle s'inscrit dans l'universel, puisqu'elle a été la seule à le faire – peut-elle imposer au monde sa conception de l'universalité à travers l'Organisation des Nations Unies? L'ONU est d'ailleurs une institution politique créée par les États occidentaux à partir de valeurs occidentales après une guerre mondiale déclenchée par les Européens. La Déclaration universelle, votée à Paris par l'Assemblée générale des 58 États membres, a été peu ou pas appliquée par les États en question comme par les autres États qui l'ont adoptée par la suite. C'est ce qui a conduit d'autres cultures à proclamer leurs Déclarations universelles des droits qui sont à leur tour particulières.

Ainsi une première *Déclaration islamique universelle des droits de l'homme*, rédigée à l'initiative du Conseil Islamique pour l'Europe et fondée sur la Charia, a été proclamée le 19 septembre 1981 lors d'une réunion tenue au siège de l'UNESCO à Paris. Le rapprochement de deux qualificatifs, « islamique » et « universelle », pose déjà problème puisque la religion islamique ne saurait incarner à elle seule les autres religions et, *a fortiori*, les sociétés laïques. Une seconde *Déclaration sur les droits de l'homme en Islam* a été adoptée le 5 août 1990, au Caire, à la XIXe Conférence islamique des ministres des Affaires étrangères, par les 57 États membres de l'Organisation de la conférence islamique. Cette concurrence d'un universel interprété par l'Islam en 1990, dans une perspective religieuse, et de l'universel proposé par les pays occidentaux en 1948, dans une perspective laïque, a entraîné une confusion certaine. Quoi qu'il en soit, c'est bien le modèle européen de Déclaration universelle, fondé sur des principes européens et justifié par des concepts européens, dans le souci des traditions religieuse, philosophique et juridique de l'Europe, qui a imposé, en fait, son universalité de droit. Cette ambiguïté n'est pas sans poser à l'Europe la question de sa propre identité quand elle se reflète dans le miroir des autres cultures.

La recherche de l'identité

La dialectique de l'identité, tendue entre le Même et l'Autre, est présente dans les premières spéculations grecques et trouvent leur achèvement chez Platon. Dans *Le Sophiste*, la recherche est menée à Athènes par un étranger sans identité autre que celle de sa ville natale, Élée. Il est qualifié dès les premières lignes d'*hétéros*, « autre », autre que Socrate qui l'a invité à une rencontre avec ses amis athéniens et qui lui cède la parole. Or, cet étranger est le philosophe qui va, pour la première fois dans un texte occidental, établir que le dialogue est fondé en raison dans le *logos*. Ce terme grec exprime la structure universelle des mots et des choses, ou, si l'on préfère, de l'homme et du monde.

Les analyses de l'Étranger aboutissent à la mise en évidence de deux catégories logiques, celles du Même et de l'Autre, à partir d'une réflexion sur deux catégories physiques, celles du Mouvement et du

Repos. Ces dernières sont l'expression abstraite de l'expérience que nous avons du mouvement du cosmos, manifesté par le déplacement des étoiles, et de l'immobilité de la Terre, à partir de laquelle nous observons la voûte céleste. L'Étranger parvient à établir, au cours d'une dialectique serrée, que le Même ne se saisit qu'à travers l'altérité de l'Autre, puisque ce qui est même ne saisit son identité qu'à la condition de différer de ce qui est différent, c'est-à-dire d'être *autre* que l'Autre. En termes existentiels, l'identité de l'Étranger d'Élée, par rapport à celle de Socrate d'Athènes, est éprouvée dans son altérité avec celle de l'Athénien dont l'identité distincte met en relief sa propre identité. Réciproquement, l'Autre n'est autre qu'à travers l'identité du Même, puisque ce qui est autre ne saisit à son tour son altérité qu'à la condition de s'identifier à ce qui est identique, c'est-à-dire d'être *le même* que le Même. Cette fois, l'altérité de l'Étranger d'Élée, par rapport à celle de Socrate d'Athènes, est éprouvée dans son identité avec celle de l'Athénien dont l'altérité distincte met en évidence sa propre altérité. On peut alors conclure, avec Platon, que l'Autre, incarné par l'Étranger d'Élée, ou *tout autre étranger*, possède bien une identité, et par conséquent, renvoie au Même. En définitive, la catégorie de l'Autre est creusée par le Même comme la catégorie du Même est creusée par l'Autre. Toutes deux sont inséparables.

On peut appliquer ces analyses logiques, et donc abstraites, aux différentes cultures que la raison européenne a étudiées. Elle a utilisé ce couple du Même et de l'Autre, de l'Identité et de l'Altérité, pour constituer ses catégories *logiques* et *anthropologiques* appliquées universellement au *langage* et aux *hommes*. On comprend que Claude Lévi-Strauss ait été fasciné par le modèle linguistique lors de la construction de ses modèles anthropologiques. Les philosophes l'avaient précédé et l'on retrouve le duo Même/Autre sous toutes les formes d'identification et d'altération, ou encore d'aliénation, chez Plotin comme chez Platon, chez Rousseau comme chez Kant et Hegel, chez Deleuze comme chez Derrida. Les écrivains et les poètes n'ont pas négligé ce lien réversible du Moi et de l'Autre, avec le « je est un autre » de Rimbaud ou le William Wilson de Poe, avec le « Madame Bovary, c'est moi » chez Flaubert ou la métamorphose de Grégoire Samsa en cafard chez Kafka, sans oublier les personnages hétéronymes, les autres de Fernando Pessoa, et son personnage orthonyme, Fernando Pessoa lui-même, que l'écrivain portugais a mis en scène. *Pessoa* signifiant en portugais « une personne », quelle est l'identité de cette *personne* qui se présente sous ces différents masques, dont celui de son propre nom ? On retrouve dans la culture européenne ce vertige de l'aliénation, pensons à Marx, qui met fin à une identité humaine initiale et problématique. Rousseau l'interprétait sur le mode de la défiguration, ainsi celle de Julie dans *La Nouvelle Héloïse*, qui aliène l'homme de la nature dans l'« homme de l'homme » en déformant son vrai visage.

Le thème récurrent de l'identité perdue au profit de l'aliénation de l'humanité, à l'origine religieux et métaphysique, a été transposé ensuite chez les romanciers et les poètes comme chez les cinéastes – je pense au double personnage de Madeleine-Judy dans le *Vertigo* d'Hitchcock – et surtout chez les anthropologues. On le retrouve chez Levinas, Foucault et Deleuze, mais aussi, de façon plus inattendue, chez Maurras lorsqu'il parle des Grecs : « C'est pour eux un jeu familier et délicieux que de passer, en le sachant, du Même au Même, du Même à l'Autre, de l'Autre au Même encore[22]. » C'est sur ce jeu délicieux, et parfois dangereux car l'autre, en tant qu'Autre, peut être

22. C. Maurras, « Que nous reste-t-il de la Grèce ? », *Les Vergers sur la mer*, Paris, Flammarion, 1937, p. 117.

une figure inquiétante, que la pensée européenne a brodé ses multiples variations. Toute l'anthropologie, et il n'est d'anthropologie qu'européenne en tant qu'étude universelle de l'homme, a joué à son tour sur cet étrange jeu du Même à l'Autre et de l'Autre au Même, en confrontant les cultures qui diffèrent de nous à la culture qui nous identifie. L'anthropologue, on le voit chez Lévi-Strauss comme chez Franz Boas ou Margaret Mead, est dans une position équivoque entre la reconnaissance de l'identité des autres peuples, et de leur dignité morale, et la critique de l'identité des Européens qui les absorbe, et de leur indignité coloniale.

Il suffit de lire les *Immémoriaux* de Victor Segalen pour éprouver la mauvaise conscience de l'homme occidental. L'épisode central du récit est celui où Terii le Mahori change son nom en Iakoba lors de son baptême. En perdant son identité pour adopter le nom d'une autre religion, il entre dans une aire culturelle nouvelle marquée par « les petits signes parleurs ». Il s'agit des lettres de l'écriture que les Polynésiens n'ont pas connues, voués à « la tresse Origine de la parole », la cordelette à nœuds qui aidait la mémoire des Anciens. Mais qui parle, ou plutôt qui *écrit* dans ce texte qu'aucun Maori n'aurait pu lire avant l'arrivée des missionnaires et des instituteurs ? Terii, Iakoba, ou Segalen lui-même qui était devenu, après sa formation chez les Jésuites, médecin, poète et ethnographe ? La même hésitation, ou le même déchirement, ceux de l'Européen confronté à cet Autre dont il ne reconnaît l'identité que pour affirmer la sienne, traverse l'œuvre de Lévi-Strauss. Il demeure partagé entre la défense de l'originalité des cultures indigènes et la reconnaissance de la puissance de la culture occidentale qui a permis de les connaître. Si nommer « la fleur », disait Mallarmé, c'est désigner « l'absente de tout bouquet », nommer Iakoba, dirait Segalen, c'est désigner l'absent de toute culture, car la vie de l'anthropologie européenne, signe, quoi qu'on fasse, la mort des cultures indigènes. La voix de la nature s'éteint quand les signes de l'écriture apparaissent : le monde ne résiste pas à la prise du concept.

Cette fascination européenne de l'identité et de son altération est issue de la sentence delphique « connais-toi toi-même » que les autres civilisations n'ont pas reçu de leurs oracles. Ce n'est pas l'impératif de la connaissance objective qui est imposé à l'homme; c'est l'impératif de la spéculation personnelle. La connaissance grecque, léguée à l'Europe, est une connaissance spéculaire qui porte sur elle-même, pareille à un œil qui voit son reflet dans un autre œil, selon l'image de l'*Alcibiade.* Du coup, cette spéculation devient critique à son égard en s'interrogeant sur la légitimité du regard qu'elle porte sur les choses et sur elle-même. Je ne sache pas que les civilisations extra-européennes aient pratiqué, avec cet élan qui a entraîné l'Europe sur la voie critique, une telle théorie de la connaissance. On l'appelle du nom de « rationalité » et c'est cette rationalité que l'on retrouve dans les œuvres de l'esprit européen, en architecture, en sculpture, en peinture, en musique, en mathématiques et en physique, mais aussi en philosophie et en littérature. Quand Milan Kundera soutient que le roman est une forme littéraire européenne, il ne se fonde pas sur l'étymologie d'un terme qui renvoie au monde romain comme, à la même époque, l'architecture romane diffusée dans toute l'Europe. Le premier roman, le *Roman de Tristan,* est une invention inédite de l'Europe chrétienne qui possède déjà la spécificité des romans ultérieurs, du *Roman de la rose* et de *La princesse de Clèves* à *Ulysse, L'Étranger* ou *Le Château.* À chaque reprise, l'impératif grec du « connais-toi toi-même » commande le récit, repris et transfiguré par l'interrogation critique sur soi, comme si le grec Homère, le poète de *L'Odyssée,* s'ordonnait au chrétien Augustin, le penseur des *Confessions*, ou, plus tard à l'agnostique Borges, qui se voulait la réincarnation du poète aveugle.

Le roman policier, depuis Edgar Poe et son chevalier Dupin, n'a pas échappé à la règle de cette recherche de soi dont l'enjeu est celui de la connaissance. Sherlock Holmes chez Conan Doyle, Arsène Lupin chez Maurice Leblanc et Rouletabille chez Gaston Leroux, Sam Spade chez Dashiell Hammett et Philip Marlowe chez Raymond Chandler, tous les détectives sont en quête de leur identité à travers l'énigme qui les anime. On retrouve cette recherche spéculaire avec le Numéro 6 du *Prisonnier*[23] ou avec le Jack Bauer de *24 Heures*. Que ces séries télévisées, héritières des *serials* américains des années trente et quarante, eux-mêmes héritiers des feuilletons français du XIXe siècle, chez Alexandre Dumas, Paul Féval, Eugène Sue et Jules Verne, connaissent un succès mondial témoigne de la force opératoire de la recherche de soi, et donc de l'homme, qui est la marque de la culture européenne. Tout roman, dès lors, est initiatique parce que, à travers

23. On se souvient du générique de la série : « – *Where am I ? – In the Village. – Who are you ? – The new Number 2. – Who is Number 1 ? – You are Number 6. – I am not a number, I am a free man !* »

ses diverses péripéties, il cherche à remonter à l'initial, l'idée qui le conduit et qui se présente comme une énigme. C'était déjà, dans la Grèce du VIIe siècle avant J.-C., le sens de la recherche d'Ulysse qui abandonnera son nom de « Personne », *Outis*, lorsque le fils de Laërte aura retrouvé, avec la terre natale, son identité.

III

La culture et les cultures

La rencontre insolite, et néanmoins inévitable, entre la culture européenne et les cultures qu'elle a découvertes obéit à ce que Hegel nommait la nécessité du concept. J'ai rappelé que son universalité qui appréhende les réalités singulières pour les amener à l'abstraction s'est imposée à l'Europe à la différence des sociétés closes. Elles n'ont pas connu le concept, ou, si elles l'ont saisi, elles ne l'ont ni cultivé ni enseigné de façon systématique parce qu'elles ne s'ouvraient pas aux autres sociétés. Comme l'écrivait Hegel dans une formule frappante qui exprime le destin de notre histoire, « la raison cherche son autre, sachant qu'en lui elle ne possède rien d'autre qu'elle-même, elle quête seulement sa propre infinité[1] ».

1. Hegel, « La certitude et la vérité de la raison », *Phénoménologie de l'Esprit*, Paris, Aubier, 1939, p. 204.

Cette loi ontologique, qui force l'Autre à se plier à l'insertion dans le Même tout en révélant son identité en tant qu'autre, se présente, sur le plan des civilisations et non sur celui de la logique, comme une loi anthropologique aussi rigoureuse. On en discerne les prémices universelles, à peine esquissées, dans l'enseignement du temple de Delphes : « Connais-toi toi-même », dont l'impératif s'adressait à l'ensemble des hommes. Les Barbares eux-mêmes étaient autorisés à venir consulter les oracles de la Pythie sous le regard du dieu.

Platon pouvait alors justifier l'universalité de l'oracle d'Apollon : « Nous n'écouterons pas d'autre voix si nous sommes avisés, nous n'aurons pas recours non plus à d'autre instructeur qu'à celui de nos ancêtres. Sans nul doute en effet ce dieu est-il en ces matières instructeur ancestral pour toute l'humanité, lui qui, siégeant au centre de la Terre, donne ses instructions au lieu qui est le nombril de celle-ci[2]. » Apollon est qualifié d'instructeur de *toute l'humanité,* et non des seuls Grecs, parce que le dieu solaire a élevé son temple au centre de la Terre. La civilisation grecque s'est ainsi affirmée, dans son principe sinon dans la réalité, comme universelle et ouverte à l'humanité entière, qu'il s'agisse

2. Platon, *La République,* livre IV, 427 c.

des hommes, des femmes, des barbares ou des esclaves. Dès leur création au VIe siècle avant J.-C., les écoles de philosophie ont accepté des femmes, comme la pythagoricienne Théano qui avait rédigé plusieurs ouvrages; plus tard, l'esclave Épictète a pu enseigner le stoïcisme à Nicopolis et à Rome. C'est sur la même trame religieuse et philosophique que les Stoïciens broderont leur thèse de l'universalité du genre humain. Elle trouvera un écho approfondi chez Cicéron, le créateur du concept de *cultura* attachée à une humanité, et non à une romanité, sans frontière. Dans son traité *Des Devoirs*, il ne distinguait pas le Romain et le Barbare, l'étranger et le citoyen parce que tous les hommes partageaient à ses yeux, avec leur *humanitas*, la *recta ratio*, la droite raison.

L'homme universel

L'Europe commença à prendre conscience d'elle-même, non pas sur le plan géographique, mais sur le plan culturel, en découvrant d'autres civilisations et d'autres modes de vie. À la suite des entreprises de Christophe Colomb, de Vasco de Gama et d'Amerigo Vespucci, elle chercha à comprendre l'identité du sauvage, au sens du *silvaticus* latin, l'homme qui vit dans les forêts sans accéder à la civilisation urbaine.

Les philosophes et les juristes, en appliquant à ces peuples leurs normes morales, juridiques et religieuses, les intégrèrent à l'humanité sur le modèle de l'*homo europeanus*. Ce dernier eut du mal à s'adapter aux formes nouvelles d'humanité qu'il avait rencontrées. On le constate avec la célèbre controverse de Valladolid au XVIe siècle qui retentit encore aujourd'hui. On se scandalise de la question absurde qui a été attribuée à l'Église espagnole : les Indiens d'Amérique sont-ils des créatures de Dieu, ou, en d'autres termes, possèdent-ils une âme ? Mais il n'a jamais été question pour la tradition chrétienne de douter de l'existence de l'âme des hommes primitifs et de leur refuser leurs droits d'êtres humains.

Dès 1439, au Concile de Florence, Nicolas de Cuse avait unifié les Églises d'Orient et d'Occident autour de la thèse selon laquelle tous les hommes ont été créés à l'image de Dieu. Elle avait été appliquée aux Indiens en 1537 par les bulles *Veritas ipsa* et *Sublimis Deus* du Pape Paul III[3]. Charles Quint promulgua

3. Les conclusions de *Subliminis Deus*, dirigées contre « l'Ennemi du genre humain », Satan, étaient sans appel : « Considérons que les Indiens sont véritablement des hommes et qu'ils sont non seulement capables de comprendre la Foi catholique, mais que, selon nos informations, ils sont

ensuite les Lois Nouvelles, en 1542, qui mettaient les Indiens sous la protection de la Couronne. Elles ordonnaient aux vice-rois du Pérou de sévir contre les abus de l'*encomienda* par les propriétaires espagnols à qui l'on avait confié la main-d'œuvre indigène. Mais, à la suite du traité du théologien Juan Ginés de Sepúlveda, *Democrates second. Des causes d'une Juste Guerre contre les Indiens*, qui défendait la légitimité de la conquête espagnole, et des critiques du Dominicain Fray Bartolomé de Las Casas qui adressera en 1547 ses *Trente propositions juridiques* au Conseil des Indes, l'Empereur suspendit la colonisation et organisa au Collège San Gregorio

---

très désireux de la recevoir. Souhaitant fournir à ces maux les remèdes appropriés, Nous définissons et déclarons par cette lettre apostolique [...] que quoi qu'il puisse avoir été dit ou être dit de contraire, les dits Indiens, et tous les autres peuples qui peuvent être plus tard découverts par les Chrétiens, ne peuvent en aucun cas être privés de leur liberté ou de la possession de leurs biens, même s'ils demeurent en dehors de la foi de Jésus-Christ ; et qu'ils peuvent et devraient, librement et légitimement, jouir de la liberté et de la possession de leurs biens, et qu'ils ne devraient en aucun cas être réduits en esclavage ; si cela arrivait malgré tout, cet esclavage serait considéré nul et non avenu. »

de Valladolid une controverse entre les deux parties. Elle se tint en août 1550 et en avril 1551 devant quinze juges du Conseil des Indes et du Conseil Royal, des prêtres dominicains et franciscains ainsi que des théologiens renommés de l'université de Salamanque. On notait également la présence de deux juges laïcs.

Il est remarquable de voir que les adversaires s'accordent sur l'humanité des Indiens et sur le devoir de conversion au christianisme. La morale chrétienne, au même titre que la morale aristotélicienne, imposait en effet cette reconnaissance de l'humanité de tous les hommes. Las Casas en fait le fond de sa plaidoirie en s'appuyant sur Thomas d'Aquin et sur Aristote. Ce qui oppose les deux hommes d'Église ne concerne pas la nature humaine des indigènes qui ne fait pas de doute, mais les moyens que les Espagnols doivent utiliser pour les convertir. Sepúlveda, humaniste reconnu, traducteur d'Aristote et confesseur du roi, est partisan de la force en raison des pratiques indiennes d'anthropophagie, d'inceste royal et de sacrifices humains et, du point de vue éthique, justifie la conquête en quatre points. Les Indiens doivent être gouvernés par les Espagnols et convertis à la morale naturelle qu'enseigne le christianisme. En deuxième lieu, les colonisateurs interdiront, s'il le faut par la force, le cannibalisme et les conduites barbares des indigènes. En outre, les Espagnols ont l'obligation morale d'empêcher les sacrifices humains en sauvant les victimes potentielles. Enfin, et Sepúlveda reprend ici l'enseignement traditionnel, les Espagnols ont pour devoir d'évangéliser les Indiens comme le pape l'a ordonné aux souverains catholiques. En conclusion, la conversion à la vraie religion est la justification de la guerre contre les idolâtres.

Las Casas, qui avait été nommé en 1516 « protecteur universel de tous les Indiens des Indes » par le cardinal Cisneros, propose pour la première fois une conception comparatiste des cultures qui sera reprise par Montaigne et, plus tard, par les anthropologues. Il soutient que les peuples indiens sont aussi rationnels que les peuples européens comme le montre l'édification de leurs temples. En dépit de leurs sacrifices sanglants, les hommes du Nouveau Monde ne sont pas plus cruels que les hommes de l'Ancien Monde qui se déchirent dans des guerres fratricides. Las Casas insiste sur le fait que l'évangélisation est davantage un droit des Indiens, en tant que créatures de Dieu, qu'un droit des Espagnols. Quel qu'ait été le vainqueur du débat, chacune des deux parties revendiquant la victoire et l'Assemblée ne s'étant pas prononcée, la controverse de Valladolid eut le mérite de confronter la légitimité des deux positions. Bien qu'elle soient opposées, l'une justifiant la conquête des Espagnols et la domination des indigènes, l'autre refusant le système de l'*encomienda* et la conversion brutale des peuples, toutes deux pensent l'humanité des Indiens selon leur modèle éthique. Sepúlveda et Las Casas se réclament du christianisme aussi bien que de l'aristotélisme à partir de la synthèse de Thomas d'Aquin. Ils ne s'appuient à aucun moment sur les croyances d'une culture indigène particulière, mais sur les principes de leur culture à travers le triple prisme religieux, juridique et philosophique d'une morale universelle dont chacun des hommes se réclame.

Il va de soi, pour nous, que Las Casas a été le vainqueur moral de la controverse, sinon à son époque, mais avec le recul du temps car ses thèses l'ont emporté historiquement. Peu de gens souscriraient aujourd'hui aux arguments de Sepúlveda, considéré comme le méchant de l'histoire, alors qu'il était de son vivant reconnu comme un remarquable humaniste. Mais la question essentielle n'est pas là et les positions personnelles des controversistes importent peu. Ce qui est certain, c'est que les deux adversaires partageaient les mêmes principes éthiques qu'ils identifiaient à la morale chrétienne fondée sur des considérations ontologiques aussi bien que théologiques. La controverse n'était pas entre Espagnols et Indiens, mais entre Espagnols et Chrétiens, ce qui revient à dire qu'ils s'agissait d'une affaire purement européenne. Elle mettait en jeu, au-delà de la question juridique et religieuse posée par le pouvoir, la conception de l'homme définie par les penseurs du temps sur les bases de la culture de l'Antiquité avec ses trois formes, grecque pour la philosophie, romaine pour le droit, chrétienne pour la religion. Cette conception de l'homme était fondée sur l'*universalité* de la raison, dans l'ordre philosophique, et sur la *catholicité* de la révélation, dans l'ordre religieux, même si cette universalité était mieux assurée par Las Casas que par Sepúlveda. Les remarques de Las Casas, déjà dans le *Confesionario* de 1547 qui avait suscité la colère de son futur adversaire et préparé la Controverse, étaient sans ambiguïté. Elles exposaient ce qui fait le fond de l'humanisme européen, sous sa forme religieuse, morale et juridique, dans sa critique des abus coloniaux. Les principes universels de la religion chrétienne et du droit naturel se confondaient dans la même exigence morale :

« L'entrée des Espagnols dans chacune des provinces des Indes ainsi que l'assujettissement et la servitude dans laquelle ils ont mis ces gens [...] ont été contraires à tout droit naturel des gens, ainsi qu'à tout droit divin [...] Et comme tout a été totalement nul et juridiquement sans valeur, ils n'ont pu avec justice obtenir un seul maravedi de tribut et ils sont par conséquent obligés de tout restituer[4]. »

Annonçant la thèse de Hegel sur la primauté du Même, l'altérité de l'homme primitif est ramenée au XVe siècle à l'identité de l'homme civilisé, tous deux s'inscrivant dans l'universalité du concept d'homme. La Renaissance pouvait donc parler à juste titre de l'*uomo universale* dont Léonard de Vinci offre le modèle achevé dans son *Étude des proportions du corps humain selon Vitruve* dessiné vers 1492[5], l'année de la découverte de l'Amérique. Les philosophes, les théologiens et les écrivains penseront l'homme dans l'unité de son être, sur le plan ontologique, et non seulement

4. B. de Las Casas, *Œuvres complètes*, X, p. 375, cité par Nestor Capdevila dans l'ouvrage majeur sur le sujet, *La Controverse entre Las Casas et Sepúlveda*, Paris, Vrin, 2007, p. 144.

5. On le trouve sur l'avers de la pièce italienne d'un euro et sur le logo historique de la société Manpower.

de son corps sur le plan biologique. En termes hégéliens, l'identité européenne reconnaît que l'altérité indienne, qui est son identité d'indigène, reflète son identité européenne, qui est son identité de colonisateur, puisque l'Européen et l'Indien se rejoignent dans une seule identité de raison : celle du concept universel d'homme. Dans la langue de Las Casas, que l'on peut abstraire de son expression religieuse pour la ramener à celle du droit naturel, les Indiens sont nos frères spirituels qui sont dignes de recevoir l'enseignement de l'Évangile sans violence et dans le respect de leurs droits. Pour justifier l'égalité ontologique du sauvage et du civilisé, une égalité que le civilisé est en mesure d'établir selon les normes qu'il a posées, il faut trouver un fondement transcendant les différences culturelles.

Pour la religion, ce fondement est Dieu qui a créé les hommes libres et égaux. Mais le droit naturel, depuis Aristote, et c'est ce qui permettra à Thomas d'effectuer la synthèse de la révélation chrétienne et de la philosophie grecque, enseigne également que tous les hommes sont dignes de voir leurs droits reconnus. En termes anthropologiques et non plus théologiques, les Indiens, les Espagnols ou les Portugais, les Européens, les Américains ou les Asiatiques, appartiennent au *même* et *unique* genre humain, quelles que soient leurs *altérités* physiques et leurs *diversités* culturelles. Hegel le démontrera dans une langue plus abstraite. Le Même sait d'avance qu'en trouvant l'Autre, il ne fait que se retrouver lui-même. Paradoxalement, c'est bien l'Autre, l'Indien que Las Casas a reconnu en lui-même pour défendre ses droits, qui lui révèle leur humanité commune, c'est-à-dire leur identité. En retour, dans cette reconnaissance, Las Casas révèle à l'Autre, l'Indien, par la différence qui le distingue en parlant à sa place, cette même humanité, c'est-à-dire à nouveau leur identité. Ce détour était sans doute nécessaire. Après tout, les premiers sauvages qui accueillirent les Européens les prirent pour des dieux parce qu'ils étaient trop différents d'eux ! La rencontre de l'humanité se reflète dans ce croisement des regards qui creuse le Même dans l'Autre et l'Autre dans le Même pour en sonder l'universalité.

La culture humaniste

Si la culture des élites intellectuelles de l'Europe, savants, philosophes, juristes, artistes et écrivains, mais aussi explorateurs, missionnaires, instituteurs ou médecins, s'est intéressée aux autres sociétés en reconnaissant leurs cultures, et souvent en les protégeant, c'est à son universalité qu'elle le doit. En projetant sur des formes de vie sociale différentes sa curiosité insatiable et, par contrecoup, sa quête de rationalité, elle a trouvé chez les autres ce qu'elle avait découvert en elle-même. Une telle reconnaissance n'allait pourtant nullement de soi dans les sociétés traditionnelles de langues et de modes de vie différents. Le plus souvent, elles se sont méfiées des sociétés concurrentes qui menaçaient leur existence au point de les soumettre ou de les détruire. Les guerres tribales étaient impitoyables dans les sociétés primitives, et Pierre Clastres, dans son *Archéologie de la violence*, a montré que ces sociétés n'étaient pas seulement le lieu des échanges, mais aussi le lieu de la guerre. L'anthropologue n'hésitait pas à avancer que l'existence de l'Autre, dans ces communautés, n'est admise que dans l'acte qui l'exclut radicalement, parce que chaque société impose son droit exclusif sur le territoire où elle vit. La domination de ce territoire témoigne clairement de l'autarcie des sociétés closes qui refusent tout changement. *Delenda est Carthago* : l'idée fixe de Caton l'Ancien aura été le mot d'ordre de toutes les sociétés à l'égard des sociétés étrangères. Mais l'idée fixe de l'Europe aura été de les connaître plutôt que de les détruire même si elle a parfois succombé au désir d'en finir avec elles. Ce fut le cas aux États-Unis d'Amérique où les peuples indiens, les *Native Americans*, furent décimés lors de la conquête des terres vierges par les colons européens.

Pour comprendre la spécificité de ce que l'Europe a entendu sous le nom de culture, il faut lever les équivoques attachées à ce terme et s'accorder sur la réalité de ses manifestations. On distinguera sept sens différents, pour certains opposés, d'un mot qui est aujourd'hui galvaudé :

1. En son sens traditionnel, la culture humaniste est l'activité de création de l'esprit qui travaille sur lui-même afin de produire des fruits. Cette signification axiologique, qui témoigne d'une exigence philosophique, est attachée aux œuvres remarquables d'une société. J'y reviens longuement dans les lignes qui suivent. Mais il faut noter que le substantif correspondant au verbe « cultiver » pour désigner le développement des qualités de l'esprit n'apparaît en France qu'au XVIIIe siècle. Il semble que Vauvenargues ait été le premier à l'employer dans sa maxime 927 : « Tout ce qui flatte le plus notre vanité n'est fondé que sur la culture, que nous méprisons. » La crise de la culture européenne qui remet en cause son propre héritage est peut-être déjà en germe dans ce mépris.

2. Le deuxième sens du mot, dérivé historiquement du premier, est celui des cultures anthropologiques. Si le sens philosophique de la culture avait à l'origine un sens personnel, et normatif, celui de l'effort de l'homme qui se consacre à la perfection de son esprit, le sens anthropologique prend un sens collectif, et constatatif, qui renvoie à l'organisation des sociétés humaines. Il s'appuie sur les travaux de terrain, qui apportent à l'ethnographe un matériau empirique important, et sur leur conceptualisation théorique par l'ethnologue pour appréhender de façon rationnelle l'aire culturelle considérée. On pourrait dire qu'en étudiant les cultures primitives, le chercheur se fait ethnographe quand il séjourne parmi les indigènes, ethnologue quand il répond aux normes universitaires, et anthropologue quand il obéit à l'idéal humaniste qui l'appelle à étudier toutes les cultures humaines. L'anthropologie fonde paradoxalement son unité sur la reconnaissance de la pluralité des cultures.

3. La culture scientifique se distingue de la culture anthropologique et de la culture philosophique en ce qu'elle se limite, chez les hommes de science, à la maîtrise de leurs recherches et de leurs expérimentations. Elle a été liée à la philosophie dont elle commence à se distinguer

au XIXe siècle du fait de la spécialisation des sciences. Il va de soi que pour Platon, Euclide, Newton ou Leibniz, et, plus près de nous, Poincaré, Wittgenstein ou Popper, il n'y avait pas lieu de séparer les deux types de culture. Lorsque Descartes écrit, dans le *Discours de la méthode*, qu'il faut débarrasser l'esprit humain des complications algébriques au profit d'« une science qui le cultive », il ne distingue pas la mathématique de la philosophie confondues en un seul savoir. Mais, dans notre monde contemporain, la culture scientifique des chercheurs, des ingénieurs ou des programmeurs désigne leur *habitus* social entendu comme la pratique de leurs dispositions et de leurs intérêts professionnels.

4. La culture technologique, plus récente encore, regroupe l'ensemble des conduites sociales qui dépendent des procédés industriels utilisés par la collectivité. Elle concerne aussi bien la connaissance que les usagers ont des ordinateurs, des téléphones cellulaires, des caméscopes ou des lecteurs MP3, que l'horizon ouvert par les réseaux d'Internet à toutes les formes de communication. On n'hésitera pas à parler de la culture de Microsoft ou de la culture de Facebook, voire de la culture de l'iPod, et à avancer que la totalité des créations humaines relèvent de cette

nouvelle religion dont la numérisation est le prophète. Un bon exemple de culture technologique est celui de la série *Matrix*, des frères Wachowski, qui sont des films cultes dans les milieux voués à l'innovation technique.

5. La culture économique procède de la culture technologique et de la culture scientifique puisque les produits industriels participent des échanges marchands. La culture ne concerne pas ici la connaissance des principes de la science économique, à l'évidence mal partagée, mais l'appartenance à un monde intellectuel dont les concepts dominants, même dans des domaines étrangers aux échanges commerciaux, utilisent le langage économique. Que l'ancienne « direction du personnel » dans les entreprises soit devenue une « direction des ressources humaines », atteste assez que le travailleur, l'usager ou le client ne se perçoivent plus qu'à partir de la forme réifiée du produit économique. On achète et on vend des joueurs de football sur un *mercato*, on lance des chanteurs à la *Star Academy* comme on produit des objets manufacturés, l'économique étant devenu un style de vie, et, par dérivation, une culture.

6. La culture politique renvoie aux facteurs déterminants des institutions démocratiques. Pour les spécialistes en science

politique, la culture civique, en anglais *civic culture*, désigne les comportements observables des citoyens dans une société donnée en tant qu'ils renforcent ou non le fonctionnement de la démocratie. En somme, elle distingue plusieurs modèles de valeurs idéologiques dépendantes de représentations du monde différentes, mais qui coexistent dans un même espace social. De façon générale, la sociologie politique, inspirée par les analyses de Max Weber, considère la culture comme l'ensemble des structures de compréhension grâce auxquelles les individus s'insèrent dans la collectivité. La culture politique renoue ici avec la conception anthropologique de la culture qui souligne la dimension particulière, irréductible à l'universalité, des modèles sociaux.

7. La culture médiatique, enfin, qui a amplifié les formes antérieures en façonnant l'opinion publique, est la culture de masse la plus éloignée de la culture classique. L'une vise l'idée, l'autre l'apparence; la seconde se conjugue à l'impératif, la première à l'indicatif; l'effort philosophique a pour fin l'amélioration de la personne, la diffusion médiatique la satisfaction du consommateur; la médiation de la culture philosophique se satisfait d'un contenu substantiel, la médiation de la culture médiatique se contente d'une forme

procédurale. Selon la formule décisive de McLuhan, *the Medium is the Message*, ou, selon la faute d'impression de la première édition de l'ouvrage, *the Medium is the Massage*. Qu'importe en effet que le *medium* véhicule un message ou un massage, une information ou un modelage; l'important est que le *medium* continue son travail de médiation sans souci de ce qu'il médiatise. L'avènement des *médias* est contemporain de l'avènement des *masses* dans une même inertie culturelle : l'individu se voit déraciné de ses attaches historiques comme la connaissance se trouve dépourvue de ses attaches intellectuelles.

S'il faut revenir à ce qu'est la culture véritable, depuis l'apparition de la *paideia* grecque, c'est parce qu'elle distingue les formes concurrentielles d'activités qui, en lui empruntant le mot, croient modifier la chose tout en continuant à se définir vis-à-vis d'elle. La meilleure approche de la culture tient à mes yeux à la question d'Henry David Thoreau dans *Walden* : « Pourquoi, précisément, les objets que nous contemplons font-ils un monde? » Les œuvres de culture nous enseignent en effet qu'un monde possède trois caractères : il est *ordonné*, chacun de ses éléments prenant sa signification dans son intégration au Tout; les Grecs parlaient ainsi de *cosmos* pour rendre manifeste, avec sa beauté, l'ordre de l'univers. Il est *séparé* de ce qui n'est pas lui en s'inscrivant dans ses propres limites : il en est ainsi de ces personnages littéraires, Swann, Odette et Charlus, qui forment le monde de Proust, ou de ces fictions cinématographiques, Kane, Amberson et Quinlan, qui forment le monde d'Orson Welles. Il est enfin *autonome*, reposant en lui-même, dans le calme de la pure présence à soi. Or, telle est précisément la marque de l'œuvre de culture, *the thing of beauty* dont parlait Keats : un épanouissement de la vie en monde, une *cosmicisation* qui ne renvoie à rien d'autre qu'à la plénitude de sa présence.

Ce sens initial de la culture – déployer un monde autonome – ne répond pas plus à une détermination économique qu'à un comportement sociologique. Il évoque le travail intérieur de l'esprit humain dans son effort pour donner un sens au matériau qu'il modèle. La *paideia* comme formation de l'homme jouait ce rôle en Grèce. On le voit chez Platon quand il décrit l'effort humain de tirer l'âme de son « bourbier barbare » pour la faire accéder à ce qu'il y a de plus haut[6]. Celui qui n'est pas cultivé, le barbare, c'est celui qui résiste à l'inspiration de l'Idée du fait de son inertie spirituelle. Il s'affaisse sur

6. Platon, *La République*, VII, 533 d.

lui-même au lieu de s'élever vers ce qui le dépasse. Cicéron s'inscrit dans cette tradition quand, passant de la *paideia* grecque à la *cultura* romaine, il donne la première définition de la culture qui deviendra canonique. À l'origine, le substantif *cultura*, du verbe *colere* dont le supin est *cultum*, renvoie à l'*agricultura*, c'est-à-dire au travail de la terre. En transposant ce qui relève du *labor*, et donc de la peine, en ce qui atteste de l'*otium*, et donc du loisir, Cicéron utilise plusieurs termes pour définir cette liberté de l'esprit : *humanitas*, *doctrina*, *litteræ*. Mais il innove en parlant pour la première fois de la *cultura animi*. En jouant sur le verbe *colere* qui signifie « cultiver » et « soigner », Cicéron emploie l'expression d'*excolere animos doctrina*, « cultiver les esprits par l'instruction ».

L'école et l'université

La culture, dans son acception traditionnelle, consiste moins à fabriquer un objet extérieur, à la façon d'un artisan, qu'à prendre soin de son âme comme un paysan prend soin de son champ. Avec cette transposition de la culture de la terre dans le domaine de la pensée, ce que Cicéron appelle *humanitas* dont nous avons tiré l'*humus* des humanités et de l'humanisme, le souci de l'esprit s'exprime dans le langage du soin de l'âme. L'homme *cultivé* sera désormais à Rome, puis en Europe, celui qui a le souci de son âme et qui lui rend un *culte*, en parallèle au souci qu'il prend de son corps. Par un tel culte, l'homme parvient à habiter le monde d'une manière humaine et non à la façon d'une bête fauve. On voit que, dès son apparition en Europe, la culture évoque le culte de l'âme de sorte que l'œuvre *culturelle*, telle que l'ont pensée les Européens, n'est pas un objet d'usage destiné à la destruction ou un produit commercial voué à la consommation, mais un miroir *cultuel* dans lequel l'esprit croise son propre regard. Quand, dans l'exercice de la spéculation, l'œuvre naît comme un fruit nourrissant, *cultura animi philosophia est*, écrit Cicéron, « la philosophie est la culture de l'âme[7] ».

L'humanisme de la Renaissance, chez un Montaigne, un Érasme ou un Thomas More, a légitimé, en lui ajoutant une inspiration chrétienne, l'image cicéronienne qui évoque le travail de l'esprit sur lui-même pour atteindre sa perfection. Au temps de l'*Encyclopédie* et des Lumières, siècle de l'esprit de conversation et de la République des Lettres, la culture élargira encore son champ pour s'appliquer à toutes les

7. Cicéron, *Tusculanes*, II, 13.

connaissances humaines, la philosophie, la littérature et la poésie en premier lieu, mais aussi la musique, le théâtre, les sciences et les techniques. La civilité et la civilisation seront pensées comme le reflet social de cet exercice d'éducation spirituelle en quoi se reconnaît l'humanité de l'homme. Il en résulte que les penseurs et les artistes proposeront, et finalement imposeront au monde entier, ce schéma universel hérité des principes humanistes de l'Antiquité et de la Renaissance. Qu'on lise en Europe Hegel, Comte, Renan, Hugo ou Baudelaire, mais aussi en Amérique Emerson, Thoreau, Hawthorne, Whitman ou Poe, la civilisation désigne pour eux l'état d'équilibre d'une humanité qui a réussi, par les forces de l'esprit, à émerger de l'état sauvage et à résister aux résurgences de la barbarie.

Cette ouverture vers ce que l'on appellera tardivement l'« humanisme », puisque le terme n'apparaît que vers 1765 avec le sens d'amour de l'humanité, a été possible grâce à l'invention de l'école en Europe. On sait que, dès le VIe siècle avant J.-C., les premières confréries philosophiques étaient apparues en Grèce sans porter encore le nom d'école. Elles mettaient en présence des esprits qui s'interrogeaient librement, en dehors de tout intérêt immédiat, sur la nature des choses et qui cherchaient à en tirer une sagesse. La première réflexion théorique sur l'idée d'école est étroitement liée à l'éducation philosophique, et donc à la *paideia*. Dans le *Théétète*, un dialogue dans lequel Socrate interroge un jeune mathématicien sur sa science, Platon utilise pour la première fois le terme grec de *skholè* en l'appliquant à l'enseignement des connaissances au sein d'une communauté. Or, c'est ce terme, qui aura une belle descendance en Europe sous les diverses déclinaisons d'*école*, de *school*, de *schule*, de *schola* ou d'*escuola*, qui porte l'originalité de notre culture. L'Europe a institutionnalisé la *skholè* qui représentait pour les Grecs le temps d'arrêt et de liberté, en dehors des affaires courantes, où l'homme se consacre à la pensée et s'étonne que les choses soient ce qu'elle sont[8]. On pourrait dire en ce sens que la *skholè* a pu aboutir à l'institution scolaire parce qu'elle était une école d'étonnement. Sans cet étonnement devant ce qui appelle l'élève, et avant lui le maître, à la connaissance, il n'y a pas d'enseignement, et, au-delà, pas de culture possible.

Les cités grecques multiplièrent les confréries philosophiques depuis Milet, avec Thalès, Anaximandre et Anaximène,

8. Le terme *skholè* signifie en effet « temps d'arrêt », du verbe *skheîn*, « arrêter », puis, en un sens dérivé, « temps de repos », et finalement « temps de loisir » en ce lieu où l'on a le *temps* et le *loisir* d'étudier : l'*école*.

Éphèse, avec Héraclite, Élée avec Parménide et Zénon, jusqu'à ce que Platon fonde à Athènes la première institution dévouée au savoir au sens de la *skholè*, l'Académie. Elle deviendra le modèle universel de toutes les sociétés savantes. Le Lycée d'Aristote et des péripatéticiens suivra ainsi que le Portique des Stoïciens et le Jardin des Épicuriens parmi d'autres lieux de recherche. Ce foisonnement de spéculations, qui débordera le site d'Athènes pour atteindre d'autres cités, Alexandrie comme Rome, a été le terreau historique sur lequel pousseront tardivement les écoles européennes et les universités. Le relais romain des écoles grecques, pendant l'Antiquité tardive, disséminera dans les provinces de l'Empire les lieux d'enseignement et offrira une première esquisse de l'unité culturelle de l'Europe. Marseille, Autun, Bordeaux, Cologne, Naples ou Trèves enseignèrent pendant des siècles le Droit et la Rhétorique en préparant les esprits à partager le même espace politique et intellectuel. Après la chute de Rome, c'est la chrétienté, devenue religion officielle, qui se substituera à l'ancien Empire. Les monastères, les écoles cathédrales et épiscopales conservent et recopient les manuscrits grecs et romains dans les bibliothèques. Ils dispensent l'enseignement des sept arts libéraux, d'une part le *trivium* littéraire de la grammaire, de la rhétorique et de la dialectique, de l'autre le *quadrivium* scientifique de l'arithmétique, de la musique, de la géométrie et de l'astronomie. Plus tard, les universités ajouteront à la Faculté des Arts, les Facultés supérieures de théologie, de droit et de médecine.

Lorsque Charlemagne entreprendra de reconstituer l'Empire, il développera plus largement l'éducation dans l'ensemble de l'Europe à partir de son École Palatine d'Aix-la-Chapelle. Elle formera les fonctionnaires de son royaume, mais aussi les élites religieuses et laïques susceptibles d'enseigner dans les écoles de chaque évêché. À l'intérieur de ce réseau d'études qui couvre l'Europe, une culture originale se forme d'autant plus aisément qu'elle se trouve unifiée par l'usage de la langue latine, par l'héritage des lettres grecques et par l'enseignement du christianisme. L'Europe acquiert en même temps une première conscience politique puisque Charlemagne, que l'on nomme « le père de l'Europe », s'appuie sur l'Église pour imposer sur tout le territoire la religion chrétienne. À la fin du XIe siècle, certaines écoles renommées se constituent en universités, avec Bologne dès 1088, et prennent la forme de corporations de maîtres et d'étudiants possédant des privilèges et conférant des grades. Les Chartes pontificales garantissent leurs libertés par rapport aux différents pouvoirs locaux. Oxford et Paris vont suivre ainsi que Salamanque, Montpellier, Padoue, Cracovie, Budapest, Prague et bien d'autres.

Un vaste réseau couvre l'Europe au XIIIe siècle pour atteindre un total de plus de cent cinquante universités au XVIIIe siècle. Ce qui est le plus remarquable, dans l'institution de l'université européenne qui s'ouvrira au monde au XXe siècle, c'est sa vocation à enseigner et à rechercher l'universalité des connaissances. Elle s'exprime déjà par son nom latin, *universitas magistrorum et scolarium*, qui désignait la communauté des maîtres et des étudiants. L'idée d'universalité recoupe ici l'idée de scolarité, ce qui revient à dire que l'esprit peut atteindre une vérité universelle dans la mesure où il est libre de s'y consacrer. L'éducation européenne est une éducation à la liberté qui prend la forme, à travers la confrérie des maîtres et des étudiants, d'une éducation à l'humanité. C'est déjà le projet de Kant qui se réalise. Il ne faut pas éduquer les enfants d'après l'état présent de l'homme, mais d'après son état à venir, que l'on espère meilleur, conformément à « l'Idée de l'humanité et de l'ensemble de sa destination[9] ».

9. E. Kant, *Propos de pédagogie*, *Œuvres philosophiques III*, *op. cit.*, p. 1155.

On prend conscience de ce projet universel quand on sait que ces communautés, dirigées par un Recteur, s'organisaient en nations à l'intérieur de chaque université. Celle de Paris était composée de quatre nations, France, Angleterre, Normandie et Picardie, avec leurs diverses provinces qui avaient chacune leur doyen. L'université de Montpellier possédait trois nations, Provence, Bourgogne et Catalogne, alors que celle d'Angers en avait six, Anjou, Normandie, Aquitaine, Bretagne, Maine et France. Les rencontres de ces nations en un même lieu pour suivre les mêmes enseignements en une même langue habituèrent les esprits à acquérir une civilité partagée. En outre, et je reviens une nouvelle fois sur le mobilisme européen, la propension de l'université à l'ouverture était caractéristique de son emportement intellectuel. Ainsi la *licentia ubique docendi*, la liberté d'enseigner en tous lieux, incitait les maîtres et les étudiants à voyager dans l'Europe entière.

Cette universalité de l'université ne connaissait pas de frontières, et la *peregrinatio academica* conduisait les étudiants à transporter avec eux, donc à diffuser partout, les livres, les connaissances et les façons de penser que leurs différents maîtres enseignaient. Ce brassage intellectuel incessant, par les échanges qu'il permettait d'un bout à l'autre du continent, a été la première esquisse, mais une esquisse poussée, de ce que nous appelons aujourd'hui la mondialisation. Car c'est bien un monde de rationalité pédagogique et scientifique qui s'est forgé en quelques siècles, préparant les peuples européens à adopter, sinon une unité politique qui leur échappera longtemps, du moins une unité culturelle qui a trouvé sa matrice dans l'université. *Alma mater studiorum*, « Mère nourricière des études », était la devise de l'Université de Bologne. Elle conjoignait la tradition romaine de la Déesse Mère et la tradition chrétienne de l'*Alma Redemptoris Mater*, Marie, la Mère nourricière du Rédempteur.

Les pérégrinations universitaires en Europe, en aiguisant l'esprit des lettrés et des philosophes, préparèrent aux voyages des explorateurs, bientôt accompagnés de savants, en dehors de l'Europe à partir du XVe siècle. Rien n'a pu en effet arrêter, ou même ralentir, la soif de découvertes qui conduisit Christophe Colomb, Jean Cabot, Amerigo Vespucci, Cabral, Corte-Real, Balboa, Ponce de Léon, Verrazzano, Jacques Cartier, De Soto et Samuel de Champlain parmi d'autres aventuriers, à découvrir en un siècle l'Amérique, Cuba, le Venezuela, le Brésil, Terre-Neuve et le Canada. *Plus Ultra* : l'Ancien Monde avait enfin outrepassé les limites qui l'avaient constitué autour de la Méditerranée pour affronter le Nouveau Monde. Ce mouvement d'exploration planétaire a été appelé par cette curiosité irrésistible qui poussait les Européens vers des terres inconnues pour y chercher toujours plus de nourriture. C'est le même désir d'universalité qui conduisait Magellan à entreprendre le tour du monde et Du Bellay à déclarer que l'*Encyclopédie* était « le rond de sciences ».

La relativité des cultures

Dans cette rencontre entre deux types d'hommes, le civilisé et le primitif, tout tient à l'équivocité de la notion de culture dont j'ai souligné l'expansion du champ d'application. Elle provient de la discipline que les penseurs européens ont inventée dans le sillage des voyageurs. L'anthropologie a emprunté alors à la philosophie le mot de culture pour en faire un usage beaucoup plus étendu. L'une des premières définitions qu'elle en propose est celle d'Edward Burnett Tylor dans *Primitive Culture* en 1871 : « La culture est un tout complexe qui inclut les connaissances, les croyances religieuses, l'art, la morale, le droit, les coutumes et toutes les autres capacités et habitudes que l'homme acquiert en tant que membre de la société ». On voit que la définition classique de la culture, depuis

Cicéron, a été considérablement élargie. Elle concerne maintenant, sous l'égide d'un « tout complexe » indéterminé, les croyances et les coutumes des individus, c'est-à-dire leur façon de vivre dans une société donnée. La culture se réduit à son plus petit dénominateur commun : l'expérience générale de socialisation qui concerne les communautés humaines en tous temps et en tout lieu. Elle se présente donc comme un fait social total, selon l'expression de Marcel Mauss, et l'anthropologie reste ici fidèle à l'universalisme de la rationalité européenne. Mais, en même temps, elle s'inscrit dans des cultures spécifiques qui sont appréhendées dans leurs différences, et elle incline cette fois vers le relativisme de la connaissance. *La* culture est certes universelle, mais *les* cultures sont particulières.

C'est là qu'intervient le gauchissement anthropologique de la culture. Il s'est établi sur le vieux fond des problèmes ontologiques de l'Un et du Multiple, du Même et de l'Autre qui aiguisaient la sagacité des dialecticiens grecs. En considérant l'ensemble des sociétés humaines sous l'angle des comportements acquis et des modes de vie, l'anthropologie a contribué à mettre toutes les cultures sur le même plan et à récuser leur hiérarchie. Plus encore, et la littérature anthropologique l'atteste, il est devenu incongru, sinon interdit, de prêter à la culture européenne, qui n'est qu'une culture particulière, une quelconque supériorité sur les autres cultures. Imprimer la marque de l'unité et de l'universalité sur *la* culture de l'Europe, ce serait succomber, diront les anthropologues occidentaux, à l'« ethnocentrisme ». C'est l'ethnologue américain William Graham Sumner, dans son *Folkways,* paru en 1907, qui a créé ce néologisme. Il désigne le comportement des groupes humains qui jugent les faits sociaux des autres groupes en fonction de leurs propres représentations et qui pensent que leur mode de vie est meilleur que celui des autres. Sumner y discernait avec justesse un phénomène social universel. Dans *Race et histoire,* Claude Lévi-Strauss reconnaissait à son tour qu'un grand nombre de peuples primitifs se désignent d'un nom qui signifie « les êtres humains », par exemple les Inuit, ce qui implique que les autres peuples ne participent pas de cette humanité. Les Européens n'auraient fait qu'obéir à cette tendance sociale générale en centrant abusivement l'universalité de l'homme sur leur propre conception. Et la prétendue réalité de leur universel ne serait que l'effet d'une illusion particulière.

Si cette conception du relativisme des cultures est avérée, au point d'éliminer la prétention de la tradition européenne d'incarner *la* culture, nous sommes conduits à abandonner les principes de notre héritage intellectuel, donc à dénier *notre* culture. Il n'est plus question de croire en l'idée d'humanité, puisqu'il n'existe que des groupes humains particuliers, refermés sur eux-mêmes et se croyant seuls dépositaires de l'humanité. *Exit* l'idée d'homme universel. Il faut rejeter l'idée d'une intelligibilité qui régirait aussi bien le monde que l'homme, la raison théorique et la raison pratique, la science et la politique. *Exit* l'idée de raison universelle. On doit en finir avec l'idée linéaire d'un progrès menant l'humanité des tribus archaïques qui ont découvert le feu aux sociétés modernes qui utilisent les énergies naturelles, maîtrisent les épidémies, allongent la durée de vie, s'arrachent à l'attraction terrestre, transmettent les informations sur la terre entière et apportent le mode de vie démocratique à tous les peuples. *Exit* l'idée de progrès universel. On doit enfin abolir l'idée de la compréhension des autres cultures permise par le décentrement critique de l'esprit européen afin de connaître son autre et de se reconnaître en lui. *Exit* l'idée d'ouverture. À chaque reprise, le relativisme culturel détruit, dans leur idéalité respective, les principes universels qui ont fondé la pensée européenne : l'idée d'homme, l'idée de raison, l'idée de progrès et l'idée d'ouverture.

Qu'on convienne ou non du paradoxe, c'est l'ouverture de la culture européenne qui a conduit le relativisme anthropologique à se confronter à la fermeture des autres cultures. La caractéristique des sociétés primitives, qui ne changera guère si on qualifie leurs arts de « premiers », est en effet d'être closes sur elles-mêmes et de ne pas évoluer, ou très lentement, dans un temps qui n'est pas orienté. Or, tout repli sur l'intériorité d'un homme ou d'un groupe, quelle qu'en soit la richesse, relève de la particularité, c'est-à-dire, au sens grec du terme, de l'*idiotes*. L'idiot est celui dont l'absence d'ouverture à l'autre ne lui permet pas d'accéder, en termes abstraits, à l'universel, ou bien, en termes concrets, à l'étranger. Quand le poète africain Térence, un ancien esclave accueilli dans l'aristocratie romaine, s'écriait : « Je suis homme, et je crois que rien de ce qui est humain ne m'est étranger[10] », il révélait la démarche constante de l'esprit européen. La culture universelle n'est autre que ce décentrement vers l'étranger qui permet, en même temps, de revenir à soi, celui dont le retour confirme l'humanité.

---

10. « Homo sum ; humani nil a me alienum puto », *L'Héautontimorouménos*, v. 77.

Nul ne l'a mieux théorisé que Hegel, dans le chapitre VI de *La Phénoménologie de l'Esprit* intitulé « L'Esprit devenu étranger à lui-même. La culture ». Le philosophe allemand montre comment l'apprentissage d'extériorisation de l'esprit, ce que l'on appelle « culture » ou *Bildung,* le conduit peu à peu à devenir étranger à lui-même. Ce lent travail de médiation, qui permet de conceptualiser ce que l'homme découvre en dehors de ses propres frontières, qu'elles soient géographiques ou intellectuelles, aboutit à la saisie de « quelque chose de non immédiat, d'étranger, de quelque chose qui appartienne au souvenir, à la mémoire et à la pensée[11] ». Rémi Brague a remarquablement développé cette dialectique du propre et de l'étranger dans son *Europe, la voie romaine.* Si la culture représente en effet « ce qu'un monde a de propre », on doit affirmer que « l'Europe se distingue des autres mondes culturels par le mode particulier de son rapport au propre : l'appropriation de ce qui est perçu comme étranger[12] ».

11. Hegel, « Discours du Gymnase de Nuremberg », *Textes pédagogiques,* Paris, Vrin, 1978, p. 84.
12. R. Brague, *Europe, la voie romaine,* Paris, Critérion, 1992, p. 99 ; édition augmentée, Gallimard, Folio/Essais, 2005, p. 120.

La critique de l'ethnocentrisme, venue de l'Europe ou de son prolongement occidental, est toujours une critique de l'eurocentrisme et, en définitive, une critique du logocentrisme. En conséquence, elle aboutit à la critique de l'universalité de la raison. Il faut résoudre cette contradiction qui vient d'une confusion entre le fait et le droit. Que la culture européenne soit une culture parmi les autres, *en fait*, si l'on prend comme critère la définition proposée par l'anthropologie culturelle, n'implique en rien qu'elle soit une culture comme les autres, *en droit*. Bien au contraire. Si elle a pu s'arracher à soi, disons à l'humanisme grec et chrétien qui en constituait le socle historique pour s'intéresser aux autres sociétés, ce que ces dernières n'ont pas fait à l'échelle du monde, c'est parce qu'elle obéissait à ce principe de mobilité et de décentrement qui la distingue radicalement des autres cultures. Au XIIIe siècle, Marco Polo suivit la route de la soie et vécut à la cour de l'Empereur de Chine Kubilaï Khan ; aucun Chinois ne vint en retour visiter le Doge de Venise pour écrire un nouveau *Livre des Merveilles*. On peut sans doute le regretter. Mais il n'y a pas eu de réciprocité de curiosité intellectuelle entre les peuples européens et les autres peuples au cours des cinq ou six derniers siècles. À ce titre, on ne peut affirmer que toutes les civilisations et toutes les cultures se valent. Ou bien alors, il faudrait reprendre le commandement final de *La Ferme des animaux* selon lequel toutes les cultures sont égales, mais certaines le sont plus que d'autres. Et celles qui sont plus égales sont précisément ces cultures européennes qui ont apporté l'idée d'égalité qu'elles ont appliquée aux autres cultures comme à elles-mêmes.

On dira qu'il y a là contradiction. Il n'y a contradiction que si l'on met sur le même pied la proposition de droit qui affirme que l'universalité est la chose du monde la mieux partagée, parce que toutes les cultures la possèdent, au moins potentiellement, et la proposition de fait qui constate que la culture européenne a été la seule à établir la vérité de la proposition précédente, ce que les autres cultures n'ont pas fait. Les critiques de l'ethnocentrisme européen ne devraient pas oublier que, si toutes les cultures sont ethnocentriques, c'est la culture européenne qui a découvert ce trait permanent en étudiant les autres cultures. Loin d'être *ethnocentrée*, comme on le répète à satiété, l'Europe a toujours été *ethnodécentrée*. Lévi-Strauss écrivait justement, dans sa Leçon inaugurale du Collège de France, que l'anthropologie visait un champ d'études « objectivement très lointain et subjectivement très concret[13] ». Il inscrivait ainsi sa démarche dans celle de la science européenne dont la théorisation est lointaine, c'est-à-dire abstraite et idéale, alors que son contact avec son objet est prochain, c'est-à-dire concret et réel. La culture européenne a tenu, et tient encore, à cet éloignement du regard qui est un décentrement hors de soi. Lévi-Strauss a pu justement parler d'un « regard éloigné » pour qualifier l'attitude détachée du penseur qui, en s'excentrant de lui-même, prend en vue l'universel[14].

Une telle vue obéit au jeu dialectique du Même et de l'Autre, un jeu que les Européens ont inventé et auquel ils sacrifient sans cesse, soit en pariant sur le Même, soit en pariant sur l'Autre. Mais chacun des paris revient au Même dans la mesure où la raison européenne ne découvre dans le jeu de l'Autre que les cartes qu'elle a d'abord introduites. Je prendrai comme exemple la magnifique *Histoire d'un voyage en terre de Brésil* de Jean de Léry en 1578. Lévi-Strauss a salué la fraîcheur du regard de l'explorateur français qui, loin d'apporter à ses observations le poids des préjugés européens, était parvenu à

---

13. C. Lévi-Strauss, *Anthropologie structurale*, Paris, Plon, 1974, tome II, p. 17.
14. C. Lévi-Strauss, *Le Regard éloigné*, Paris, Plon, 1983.

« appréhender dans leur vérité les êtres et les choses en ignorant ou en rejetant les conventions[15] ». C'est reconnaître là que le regard européen est bien un regard *éloigné* vers l'Autre, et donc *excentré*, en ce qui concerne l'observation de l'objet d'étude. Mais, lorsque Jean de Léry reviendra à Sancerre pour rédiger son livre, comme Claude Lévi-Strauss reviendra à Paris pour rédiger son œuvre, c'est le regard tourné vers le Même, et donc *recentré* sur leur culture *proche*, qui permettra aux deux auteurs de traduire dans leurs réflexions théoriques ce qui n'était sur le terrain que des observations vécues.

La métaculture de l'Europe

Chacun connaît l'imprécation, et la contradiction assumée, de Claude Lévi-Strauss, aux premières lignes de *Tristes tropiques* : « Je hais les voyages et les explorateurs. Et voici que je m'apprête à raconter mes expéditions. » C'est l'imprécation et la contradiction de tous les anthropologues, et plus encore l'imprécation et la contradiction de la pensée européenne elle-même.

15. C. Lévi-Strauss, « Sur Jean de Léry », Entretien avec D.-A. Grisoni, *in* Jean de Léry, *Histoire d'un voyage en terre de Brésil*, Paris, Le Livre de Poche, 1994, p. 7, 9 et 11.

Bougainville avait émis un semblable cri de colère, mais en tant qu'explorateur, contre les écrivains en chambre qui philosophaient sur le monde et ses habitants « d'après des observations empruntées à ces mêmes voyageurs auxquels ils refusent la faculté de voir et de penser[16] ». Tous les deux, pourtant, le voyageur et l'anthropologue, l'homme d'action et l'homme de réflexion, partagent la même culture et le même intérêt pour l'altérité de l'autre. Et cette altérité est bien la même, pour le regard curieux de l'Européen, qu'elle soit vécue en présence de l'indigène ou conceptualisée en son absence. Car, dès que le concept entre en scène, l'indigène en sort. Le regard ambigu que Lévi-Strauss a porté sur lui-même, et pas seulement sur son œuvre, en témoigne. Il voyait dans l'ethnographie un dilemme, et ce dilemme était celui-là même de sa culture puisque c'est l'Europe qui a inventé l'ethnographie. Ou bien l'ethnographe reste lié au mode de pensée de sa communauté savante, et les indigènes ne sont pour lui qu'un objet de curiosité critique : l'Europe gagne la première manche. Ou bien l'ethnographe s'attache aux sociétés exotiques au point

16. L.-A. de Bougainville, *Voyage autour du monde* (1771), Paris, Gallimard, Folio, 1982, p. 46-47.

de s'identifier à elles, et son regard se trouble puisqu'il se détache de sa propre société : l'Europe perd la seconde manche. Y en aura-t-il une troisième ?

Lévi-Strauss, dans ce texte de jeunesse comme dans ses ouvrages tardifs, a hésité à risquer une réponse définitive. Mais il a utilisé deux types d'argumentation, l'une morale, l'autre épistémologique, pour juger la culture européenne dans son rapport aux cultures différentes. Toutes les deux, loin de réprouver la culture européenne, en montrent la légitimité en s'appuyant sur sa propre critique. L'argumentation morale repose sur un constat historique. On dit que l'Europe tient sa grandeur d'avoir formé des ethnographes qui, en dépit des critiques qu'ils lui adressent, existent grâce à elle, et font exister des sociétés primitives disparues ou en voie de disparition qui seraient inconnues sans les travaux ethnographiques. Lévi-Strauss inversait le constat et suggérait que, si l'Europe, ou, comme il l'écrivait généralement, si l'Occident a formé des ethnographes, c'était pour exorciser les fautes, sinon « le crime de la destruction » du Nouveau Monde. La vie de l'ethnographie ne serait ainsi qu'un long remord. L'auteur allait encore plus loin dans le repentir, en une sorte d'inspiration religieuse, quand il écrivait que l'existence de l'ethnographe ne se comprend que « comme une tentative de rachat : il est le symbole de l'expiation[17] ».

Si le souci critique de Lévi-Strauss était suffisamment aigu pour admettre que la civilisation occidentale n'était pas la seule à mettre en accusation, la société aztèque ayant eu « l'obsession maniaque », et à ce titre « *démesurée* », du sang et de la torture[18], il n'allait pas jusqu'à reconnaître que sa protestation morale était d'origine européenne. À travers lui, c'est Las Casas et Vitoria, Montaigne et Diderot, qui exprimaient leur révolte, dans la lignée plus haute d'Augustin ou de Thomas, sinon des enseignements grecs et chrétiens qui se sont unis dans une semblable exigence de justice universelle. On a envie de dire à Lévi-Strauss de l'homme occidental ce que Pascal disait de l'homme en général : s'il se vante, je l'abaisse, mais s'il s'abaisse, je le vante. Une telle recherche de l'équilibre laisse entendre que si cet homme occidental tant décrié est bien un monstre incompréhensible, il peut au moins rendre compte de son incompréhension et de son décri. À trop abaisser une civilisation

17. C. Lévi-Strauss, *La Pensée sauvage* (1955), Paris, Plon, Presses Pocket, 1985, p. 466.
18. C. Lévi-Strauss, *La Pensée sauvage, op. cit.*, p. 466. L'auteur souligne le mot *démesuré.*

qui l'avait formé à l'étude rationnelle comme à la revendication morale, Lévi-Strauss était contraint d'en reconnaître la grandeur.

Et il justifiait immédiatement cette grandeur en mettant ses recherches sous l'égide de Rousseau. Tel est l'argument épistémologique qui prend le relais de l'argument moral. Sans croire un instant au bon sauvage, comme tant d'écrivains de son siècle, Rousseau a pu critiquer la culture de son temps – « Nous sommes déchus en tout », écrivait-il à d'Alembert – à partir de l'idée rectrice de l'homme naturel. Son existence se déduit aussi bien par l'abstraction de la raison que par l'exigence du sentiment. Lévi-Strauss insistait sur le fait que « ce modèle », en revenant une nouvelle fois sur le concept européen de modèle, est « éternel et universel[19] ». Il retrouvait ici l'élan platonicien vers l'Idée qui domine la pensée européenne, non pas pour idéaliser l'homme, le vanter ou se satisfaire d'une chimère, mais pour réaliser les conditions de son progrès. En se référant épistémologiquement à cet homme naturel, qui serait débarrassé de toutes les scories de ce qui passe pour culture et qui tient des mœurs,

19. C. Lévi-Strauss, *La Pensée sauvage*, *op. cit.*, p. 470.

des coutumes et des habitudes, bref, de ce que l'anthropologie entend sous le mot de culture, le penseur, en premier lieu l'ethnographe, peut s'affranchir de son milieu et le mettre en question pour le réformer. Lévi-Strauss n'hésitait pas à placer, dans le même passage, « hors du temps et de l'espace » le modèle dont l'ethnologue devait s'inspirer. Il reconnaissait implicitement par là que *les* cultures dont se réclament l'ethnologie et, plus généralement, l'anthropologie, ne tiennent leur sens profond que de *la* culture, celle qui est pensée comme universelle, et que les tenants du relativisme ont tendance à occulter, sinon à rejeter.

Il suffit d'ailleurs de lire les conclusions théoriques que Lévi-Strauss tirait de ses travaux. Le titre de son maître ouvrage, *Anthropologie structurale*, indique déjà que les recherches sur les cultures primitives se fondent sur un double postulat : celui d'une connaissance *logique*, et donc rationnelle, de son objet d'études, et celui d'une grille universelle qui permettent de comprendre les *structures* inconscientes des cultures. C'est supposer qu'il y a des formes de pensée et de moralité universelles qui transcendent les manifestations différentes ou contradictoires de la socialité humaine. Mais qui a fait apparaître, ou a pensé faire apparaître comme ce précurseur que fut Rousseau, ces formes universelles en les inscrivant dans un système de rationalité qui unit l'homme et la nature, la connaissance et l'action, la mathématique et la morale ? Quelle civilisation a pris ce risque sinon la civilisation européenne qui s'est ensuite ouverte sur son couchant, en Occident, avant de s'ouvrir plus largement encore sur le monde entier ? Lévi-Strauss, c'était là son versant européen, si je puis parler ainsi, et non plus amazonien, est revenu sans cesse sur le fait que la culture a pour but d'élever l'homme réel à la hauteur de son modèle idéel en le détachant de ses dépendances mentales et sociales pour lui permettre, et l'auteur rejoignait ici Kant, d'accéder à l'état d'homme civilisé. On ne comprend pas son entreprise anthropologique si l'on ne voit pas que c'était une entreprise éthique et que l'auteur du *Regard éloigné* était un moraliste.

Quand Lévi-Strauss récusait la supériorité européenne, plus d'ailleurs son arrogance que sa réalité, il avait de bonnes raisons de le faire sur le plan de la méthode. Pour un chercheur, en effet, tous les objets d'étude sont également dignes d'intérêt, qu'il s'agisse des Nambikwara ou des Espagnols, ou, comme le montrait Montesquieu, des Persans ou des Français. Mais sur le plan de la connaissance, il en va tout autrement.

Les outils intellectuels des penseurs européens ont été supérieurs à ceux des populations indigènes étudiées, d'une part parce qu'ils leur ont permis de les connaître, alors que les pensées indigènes n'ont pas pris connaissance des autres peuples, dont les Européens ; d'autre part, parce qu'ils leur ont permis de se critiquer, ce qu'ils n'ont pas manqué de faire, alors que les pensées indigènes n'ont jamais mis en cause leur mode de vie et leurs représentations sociales. C'est toujours l'opposition des sociétés ouvertes et des sociétés fermées qui est la marque d'une différence irréductible, en droit, qui s'est manifestée comme une supériorité, en fait. La rationalité européenne, avec ses chaînes de concepts et ses systèmes théoriques, a été plus efficace matériellement, et sans doute moralement, que les constructions mentales mythiques et religieuses des sociétés exotiques. Lévi-Strauss était obligé d'en convenir tout en condamnant, ce qui renforçait encore la pensée critique de l'Europe, l'usage orgueilleux qui en a été fait :

« L'Européen du XIXe siècle s'est proclamé supérieur au reste du monde à cause de la machine à vapeur et de quelques autres prouesses techniques dont il pouvait se targuer. Qu'il le soit effectivement sous tous ces rapports et sous celui, plus général, du savoir scientifique qui est né et s'est développé en Occident, cela semble d'autant moins contestable que, sauf de rares et précieuses exceptions, les peuples assujettis par l'Occident, ou contraints par lui à le suivre, ont reconnu cette supériorité et, leur indépendance une fois acquise ou assurée, se sont donnés pour but de rattraper ce qu'ils considéraient eux-mêmes comme un retard dans la ligne d'un commun développement[20] ».

Mais cette supériorité opératoire est doublée, pour l'anthropologue et pour le moraliste, par ce qu'il faut bien nommer une supériorité éthique. Quand les sociétés primitives détruisaient d'autres sociétés ou commettaient des massacres comme les Aztèques, leurs coutumes ne les conduisaient ni à la critique ni à l'expiation. L'Europe, en revanche, a porté le fer de la critique contre elle-même dès les premières explorations et les premiers crimes. Elle a toujours été fidèle à cette tradition de remise en cause de soi qui remonte à Socrate tant sur le plan de la connaissance : « je ne sais qu'une chose, c'est que je ne sais rien », que sur celui de l'action : « nul n'est méchant volontairement ». Lévi-Strauss reconnaissait d'ailleurs, dans *Race et histoire*, que les Européens n'avaient

20. C. Lévi-Strauss, *Le Regard éloigné*, Paris, Plon, 1983, p. 27.

pas à rejeter les sauvages hors de l'humanité, non seulement parce qu'ils seraient infidèles à leurs principes universels, mais également parce qu'ils emprunteraient « l'attitude la plus marquante et la plus distinctive de ces sauvages mêmes[21] ». Il y a bien là comme une déclivité éthique, irréversible, entre deux formes de culture, l'une universelle et ouverte sur sa propre critique, l'autre particulière et fermée sur sa propre adhésion. Au demeurant Lévi-Strauss n'a jamais caché que la culture humaniste, qui a pour fin de perfectionner une nature première, était l'aboutissement d'un travail de civilisation qui permettait de dénouer toutes les « servitudes mentales[22] ».

La culture européenne n'est donc pas une culture parmi d'autres à l'image d'un atoll perdu dans un archipel. Elle n'a pas le statut d'une île, ni même celui d'un continent, car elle est un monde qui s'est hissé à l'échelle de l'univers. Rien dans cette culture ouverte, décentrée, exotique et parfois excentrique, qui tienne de l'isolement ou du repli sur soi. Aussi n'a-t-elle

21. C. Lévi-Strauss, *Race et histoire*, texte repris et corrigé dans *Anthropologie structurale*, tome II, Paris, Plon, 1973, p. 383.
22. C. Lévi-Strauss, *Le Regard éloigné*, *op. cit.*, p. 49-50.

pas en toute rigueur, si l'on suit l'usage anthropologique du terme, le statut d'*une culture*, mais celui de *la métaculture* universelle dont *le métalangage* conceptuel a permis de proposer des modèles d'intelligibilité aux cultures dont les langages non conceptuels ou insuffisamment conceptuels n'avaient pas une puissance opératoire analogue. Ce n'est pas là un jugement axiologique qui conclurait à la supériorité de la culture européenne sur celles qui lui sont comparables. C'est un jugement épistémologique qui constate la différence entre la culture européenne et celles qui ne lui sont pas, ou pas encore, comparables.

On peut imaginer, bien entendu, que l'humanité créera dans l'avenir d'autres formes de rationalité et d'autres modèles d'universalité. Il reste que, dans le temps historique qui est le nôtre, à l'orée du IIIe millénaire, nous n'avons aucun indice d'une autre source de culture et d'humanité. Les projections des auteurs de science-fiction ou de politique-fiction, en dépit de la richesse de leur imaginaire, ne font que broder sur la chute de l'Empire romain et sur l'effondrement des civilisations passées, comme on le voit dans la saga de *La Guerre des étoiles*. On peut même supposer, et c'est mon sentiment profond, que toute tentative pour former une culture inédite, avec un homme augmenté qui vivra dans un univers numérique, aboutira à penser ce nouveau monde sur le modèle de l'ancien, c'est-à-dire comme le modèle de la construction rationnelle d'un système. Les détracteurs du système précédent peuvent toujours rêver à un tout autre monde. Mais *en quel mode* sinon dans celui de la rationalité qui nous est commune ?

IV

La colonisation et l'histoire

On peut aborder la rencontre de la culture européenne avec les cultures qu'elle a étudiées après les avoir colonisées, en faisant l'analyse d'un incident diplomatique à tous égards exemplaire. Le discours de Nicolas Sarkozy, le 26 juillet 2007, à l'université Cheikh Anta Diop de Dakar a suscité une émotion considérable et des protestations indignées, plus d'ailleurs en Europe et à l'ONU qu'en Afrique noire. On notera dès maintenant qu'il s'agissait d'une réflexion historique, qui avait donc un enjeu théorique, et qu'elle a été tenue dans une université, qui est le lieu d'une pensée libre. Lisons les quelques lignes des propos incriminés :

« Le drame de l'Afrique, c'est que l'homme africain n'est pas assez entré dans l'histoire. Le paysan africain, qui depuis des millénaires, vit avec les saisons, dont l'idéal de vie est d'être en harmonie avec la nature, ne connaît que l'éternel recommencement du temps rythmé par la répétition sans fin des mêmes gestes et des mêmes paroles. Dans cet imaginaire où tout recommence toujours, il n'y a de place ni pour l'aventure humaine, ni pour l'idée de progrès. »

En dehors des critiques du personnel politique français, au premier rang duquel figurait Mme Ségolène Royal qui crut bon de s'excuser en avril 2009 à Dakar en parlant de « paroles humiliantes », le rapporteur spécial de l'ONU sur les diverses formes de racisme et de discrimination raciale, M. Doudou Diène, s'éleva à la tribune des Nations Unies contre le discours du Président de la République française en le taxant de « stéréotype fondateur des discours racistes des XVIIe, XVIIIe et XIXe siècles ». Pourtant, l'ensemble du discours était un hommage appuyé à l'Afrique et une condamnation sans réserve de la colonisation comme en témoignent ces remarques que les critiques ont passées sous silence :

« Les Européens sont venus en Afrique en conquérants. Ils ont pris la terre de vos ancêtres. Ils ont banni les dieux, les langues, les croyances, les coutumes de vos pères. Ils ont dit à vos pères ce qu'ils devaient penser, ce qu'ils devaient croire, ce qu'ils devaient faire. Ils ont coupé vos pères de leur passé, ils leur ont arraché leur âme et leurs racines. Ils ont désenchanté l'Afrique. Ils ont eu tort. »

Je reviendrai sur ce désenchantement du monde qui est une notion européenne et non pas africaine. Ce qui est en cause à travers les propos contestés, ce n'est pas, dans l'ordre des faits, les abus coloniaux et le déracinement qu'ils ont entraînés chez les peuples africains, mais, dans l'ordre des principes, l'entrée *tardive* de l'homme africain dans l'histoire. On ne voit pas, d'emblée, en quoi l'affirmation du retard historique de l'Afrique ou de tout autre continent, en matière de progrès scientifique et social, relèverait du préjugé raciste ou culturel. Il faut auparavant s'accorder sur ce que l'Europe a entendu depuis des siècles par le concept d'histoire et se demander si ce concept est bien une singularité européenne. Ensuite, il convient d'envisager si les modes de pensée des ethnies africaines en ont fait usage au point de considérer l'existence de l'homme sous l'angle de son développement historique.

La philosophie africaine

Dans ses *Enquêtes*, le livre fondateur de l'Histoire, Hérodote raconte son long séjour en Égypte où il s'entretint avec les prêtres de Memphis, de Thèbes et d'Héliopolis. L'historien grec ne tarit pas de louanges sur la grandeur de la civilisation égyptienne : « Nul autre pays ne contient autant de merveilles[1]. » Pour lui, les Égyptiens, hommes à « la peau brune et aux cheveux crépus[2] », ont découvert les premiers le cycle de l'année et le cours des saisons sur douze mois ; ils ont également ordonné le panthéon en douze dieux et attribué aux divinités des temples, des statues et des autels, ce que les Grecs leur ont tardivement emprunté[3]. Hérodote salue leurs coutumes ancestrales et fait l'éloge de la manière dont Chéops, Khéphren et Mykérinos construisirent leurs pyramides. Platon, qui visitera à son tour l'Égypte et conversera avec les prêtres, sera encore plus admiratif sur le génie de cette civilisation d'un point de vue philosophique et scientifique. Dans le *Timée*, il rappelle le lointain entretien de Solon, le législateur d'Athènes et l'un des sept Sages, avec les prêtres de Saïs. Ceux-ci lui disent, avec

1. Hérodote, *L'Enquête*, II, 35, *in Hérodote-Thucydide. Œuvres complètes*, Paris, Gallimard, Bibliothèque de La Pléiade, 1964, p. 155. C'est Hérodote qui, à propos du Nil, qualifie l'Égypte de « don du fleuve » (II, 5, p. 143).
2. Hérodote, *L'Enquête*, II, 104, *op. cit.*, p. 182.
3. Hérodote, *L'Enquête*, II, 3-4, *op. cit.*, p. 143.

un brin d'ironie, que, par rapport aux Égyptiens, les Grecs seront toujours des enfants[4]. La tradition de cette grandeur persistera à travers l'histoire. Si l'importance de la civilisation égyptienne n'a fait aucun doute pour personne depuis la Grèce, peut-on en inférer que l'Afrique noire a assumé un héritage de quatre millénaires ? Il paraît douteux que les cultures africaines aient conservé les acquis de l'Égypte antique, en premier lieu l'usage de l'écriture, puisque leurs représentations du monde et leurs transmissions ont été de type purement oral.

Lorsque les chercheurs européens se sont penchés pour la première fois sur les modes de pensée africains, ils ont émis l'hypothèse généreuse d'une philosophie ordonnée en un système qui dépasserait les éléments mythologiques des sociétés tribales. Le Père Placide Tempels, missionnaire belge, a ainsi rédigé en 1946 une *Philosophie bantoue* qui reposait sur la conjonction de quatre thèmes directeurs : l'ontologie, la critériologie, la psychologie et l'éthique. Si cet ouvrage, ainsi que d'autres travaux anthropologiques, a contribué à révéler l'originalité de la sagesse du monde africain, il a soulevé des critiques importantes sur la pertinence de sa philosophie. En

4. Platon, *Timée*, 22 b.

dehors du fait que ce terme n'existe pas dans les langues africaines, pas plus que les ouvrages qui relèvent de cette discipline, le concept de « philosophie africaine », sous la forme curieuse d'une *ethnophilosophie*, est une projection du modèle européen sur d'autres modes de pensée qui relèvent, selon le néologisme de Léopold Sédar Senghor et d'Aimé Césaire, de la « négritude ». On a ainsi imposé aux représentations du monde africaines des grilles linguistiques, existentialistes, herméneutiques, phénoménologiques ou marxistes qui relèvent de la tradition de la pensée européenne, c'est-à-dire coloniale. Que Tempels ait reconnu aux Bantous, sinon aux autres ethnies africaines en généralisant son expérience, une sagesse propre, est une chose. Qu'il ait réussi à saisir, en tant qu'Européen, la représentation bantoue inconsciente du monde, en est une autre. Dans sa recension de l'ouvrage de Tempels, que je lui avais demandée pour le volume III de l'*Encyclopédie philosophique universelle*, l'anthropologue Claude Rivière concluait de façon dubitative :

« D'un système ontologique inconscient, n'est-ce pas l'observateur-interprétateur qui, par son langage absolu, en devient le juge et le constructeur de cohérence ? Au total, toute ethnophilosophie fait l'économie de sa propre explication en ce qu'elle ne se donne pas les moyens de se vérifier elle-même[5]. »

Peut-elle d'ailleurs se vérifier elle-même ? Dans la mesure, je l'ai montré à propos de Lévi-Strauss, où l'anthropologue utilise des langues, des catégories, des méthodes et des traditions intellectuelles qui proviennent de la pensée européenne, à ce titre coloniale, comment pourrait-il faire l'impasse sur sa culture pour révéler aux peuples africains leurs structures mentales ? Aimé Césaire était donc avisé de dénoncer dans l'ouvrage de Tempels une manifestation insidieuse de l'ordre colonial qui fait bon marché, sous couvert d'une reconstruction abstraite, de la vie concrète des peuples étudiés. Mais le poète martiniquais aurait pu aussi bien appliquer ces remarques à sa propre critique. Aimé Césaire, formé par l'école républicaine française, puis par la classe de Lettres supérieures au Lycée Louis le Grand où il se lia d'amitié avec Léopold Sédar Senghor, enfin par l'École Normale Supérieure, a eu beau forger le concept de « négritude », il n'a pu échapper aux catégories proposées par

5. C. Rivière, article TEMPELS dans le volume III de l'*Encyclopédie philosophique universelle, Les Œuvres philosophiques,* dir. J.-F. Mattéi, Paris, PUF, 1992, tome 2, p. 4170.

la puissance coloniale. Or, le colonialisme culturel est plus incisif et plus invasif que le colonialisme militaire ou économique puisqu'il touche à la langue et à la pensée elles-mêmes. L'Antillais Césaire a écrit ses poèmes, ses essais et son théâtre, sans oublier son *Discours sur la négritude*, en français, et non en langue créole ou dans un dialecte africain. Nous retrouvons toujours la même contradiction : le colonisé utilise, pour critiquer la colonisation, la langue et les outils conceptuels du colonisateur, et non les modes de pensée de la culture qu'il cherche à défendre. En attaquant la colonisation, le « nègre fondamental », comme on le surnommait, *entre bien dans l'histoire* et doit cette entrée précisément au colonisateur qu'il rejette pourtant de toute son âme. Il y a ici un véritable clivage de la personnalité, entre la négritude revendiquée du point de vue du colonisé et la conceptualisation utilisée du point de vue du colonisateur. Le drame n'est pas que ce clivage soit une coupure théorique, dont on pourrait à la rigueur se passer, mais qu'il soit vécu de façon incarnée, et douloureuse, dans l'existence des personnes.

Il faut donc revenir à cette fameuse entrée dans l'histoire que les descendants des colonisés revendiquent pour leurs ancêtres en s'appropriant les armes du colonisateur. On peut évidemment nier que l'Europe ait inventé le concept d'histoire et soutenir que, consciemment ou non, les autres peuples ont appréhendé le cours du temps, sinon sous la forme d'une théorisation conceptuelle, du moins sous celle d'une représentation symbolique du monde. Mais il faudrait l'établir d'après des textes écrits ou des traditions orales, en Afrique et ailleurs, qui traiteraient de l'histoire conçue comme la vision linéaire et progressive du devenir humain, et non comme la vision cyclique et stationnaire qui est caractéristique des mythes. La thèse célèbre de Cheikh Anta Diop, publiée en 1976, *Antériorité des civilisations nègres. Mythe ou vérité historique,* selon laquelle la civilisation égyptienne de race noire serait première par rapport aux autres civilisations, ce qui justifierait l'unité culturelle de l'Afrique, outre qu'elle est controversée parmi les spécialistes, utilise les concepts scientifiques de l'Europe, et non des anciens Égyptiens ou des noirs africains des siècles ultérieurs. Qu'on en convienne ou non, l'ordre du vécu, caractéristique des sociétés orales et de leurs traditions religieuses, ne s'identifie pas avec l'ordre du concept au point que, pour en rendre raison et l'expliquer, au lieu de le vivre, les anthropologues européens et leurs collègues africains interprètent conceptuellement ce qui relève des systèmes religieux et des représentations mythiques.

Considérons le grand ouvrage du Père Henri Maurier, missionnaire et professeur au Grand séminaire du Burkina-Faso, *Philosophie de l'Afrique noire*, paru en 1976. L'auteur construit un modèle hypothétique de la philosophie africaine à partir d'une structure anthropocentrique « Je-Avec » qui se diffuse, comme à travers un prisme, en six rayons ou six catégories : la relation, la subjectivité, la tradition, la corporalité, la manipulation et, plus difficile à saisir, l'irruption du destin que l'homme ne peut jamais maîtriser. Le Père Maurier appelle cette dernière catégorie : l'« irréductible ». Nous sommes en présence d'un modèle théorique cohérent, certainement fécond, mais qui s'inscrit dans les modèles philosophiques européens caractérisés par un système de catégories rationnelles, d'Aristote à Kant, Hegel ou Hamelin. Ces éléments de représentation sont l'œuvre de l'interprète qui projette sa grille sur les traditions orales qu'il a recueillies sur le terrain ou étudiées dans les recueils des autres anthropologues.

Qu'est-ce qui permet logiquement au chercheur européen de transposer ses analyses sur les croyances et les pratiques des Africains, sauf à supposer qu'il y ait une correspondance exacte entre la conceptualisation théorique effectuée et les pratiques concrètes vécues ? Mais il faudrait, pour obtenir une telle justification, concevoir une théorie d'ordre supérieur, ni européenne ni africaine, qui identifierait point par point les catégories utilisées par l'anthropologue et les rituels exécutés par les peuples étudiés. Quoi que fassent les Européens actuels, qui sont descendants des colonisateurs comme les Noirs actuels sont descendants des colonisés, le mode scientifique d'appréhension des cultures africaines ne provient jamais de la tradition des anciens colonisés, mais toujours de la culture des anciens colonisateurs. On a quelque raison de penser qu'elles proviennent aussi de ces nouveaux colonisateurs qui imposent tranquillement leurs normes dans l'espace théorique de l'université, laquelle, sauf erreur, n'a pas été une invention africaine.

Certains anthropologues africains refusent d'ailleurs d'adopter le point de vue ethnocentrique des théories européennes, reprises abusivement par leurs collègues pour interpréter les croyances des peuples étudiés. Paulin J. Hountondji, professeur à l'Université de Cotonou, puis ministre de l'Éducation nationale du Bénin, s'est élevé contre l'idée d'une philosophie africaine généralisée à l'ensemble du continent en unifiant artificiellement un ensemble disparate de traditions orales[6]. L'auteur refuse d'identifier à des sagesses africaines millénaires la philosophie qui est une discipline européenne originale. Elle dispose d'une batterie de genres spécifiques, dialogues, traités, commentaires, exégèses, doxographies, poèmes, correspondances, controverses, dissertations et manuels, qui participent du mode d'institution de l'écriture philosophique[7]. Aucune de ces formes littéraires ne convient à des pratiques culturelles qui ont ignoré pendant des siècles l'écriture. Hountondji dénonce ainsi l'unanimisme africain illusoire qui consiste, pour les intellectuels qui s'en réclament, à se crisper sur des croyances immuables transformées en idéologies, lesquelles servent d'alibis aux dirigeants pour interdire aux sociétés africaines d'accéder au progrès. De même, on a pu critiquer la manière dont Marcel Griaule et Germaine Dieterlen, dans *Dieu d'eau* et *Le Renard Pâle*, avaient constitué les Dogon

6. P. J. Hountondji, *Sur la « philosophie africaine ». Critique de l'ethnophilosophie*, Paris, Maspéro, 1977.
7. Cf. l'article de Frédéric Cossuta, « Les genres en philosophie », *Le Discours philosophique*, volume IV de l'*Encyclopédie philosophique universelle*, dir. J.-F Mattéi, Paris, PUF, 1998, p. 1512-1532.

du Mali en modèle d'une culture traditionnelle pour en faire une invention idéologique. L'ethnologue Jacky Bouju souligne ce qui distingue, dans les deux cultures, la tradition africaine de la critique européenne. « Il subsiste une différence irréductible entre la conception "traditionaliste" de la culture qui conçoit celle-ci comme la préservation d'une substance enclose dans un système d'interdits et la conception "moderniste", inventée par les philosophes et développée par l'anthropologie et l'histoire, qui exige, au contraire, l'interposition du jugement critique entre l'héritage culturel et sa réception[8]. »

Le concept d'histoire

Tout tient, en effet, à ce jugement critique qui a été introduit dans l'histoire. Les penseurs européens s'accordent à reconnaître que l'*histoire*, comprise comme une enquête rationnelle chez Hérodote, et l'*Histoire*, interprétée comme l'avènement de la rationalité chez Hegel, constituent la structure profonde de la culture

8. Jacky Bouju, « La culture dogon : de l'ethnologie coloniale à l'anthropologie réciproque contemporaine », *Études Maliennes*, Clio en Afrique, n° 10, été 2003. Cf. sites.univ-provence.fr/.../culturedogon.html

européenne. Ce que Bergson, je le rappelais plus haut, a appelé l'âme ouverte n'est autre que cette ouverture de l'histoire qui a fracturé un temps immobile. Nous aurons beau sonder les autres civilisations, Égypte, Chine ou Inde, et les autres peuples, amérindiens, africains ou polynésiens, aucun d'eux n'a conçu l'idée d'une forme temporelle tendue rationnellement vers l'avenir. Que cette vision linéaire du devenir humain soit d'origine chrétienne, depuis la *Cité de Dieu* de saint Augustin, ne l'a pas empêché de se séculariser et de constituer la trame de toutes les eschatologies comme celle du marxisme et de se présenter comme un vecteur de progrès. Si la Thora présentait un monde de promesses divines orienté vers une fin messianique révélée par les prophètes, les Évangiles, inspirés par la prédication de Jésus qui annonce la venue du règne de Dieu, attendent l'accomplissement de sa parole. La reconnaissance chrétienne du *Messie*, qui ne signifie plus simplement *oint* comme chez les Hébreux, mais « sauveur », l'hébreu *mâshîa* ayant été traduit en grec par *christos*, implique que le temps humain est désormais voué à l'eschatologie.

Avec la chute de Rome en 410 dont il est le contemporain, la cité terrestre s'effondrant dans le chaos, Augustin interprète pour la première fois l'*historia humana* comme *historia divina* orientée vers le salut des hommes. Le sens eschatologique de l'espérance chrétienne se sécularisera peu à peu tout en gardant des remords théologiques, l'idée de progrès se substituant à celle de providence. L'illustration le plus remarquable de cette conception rationnelle de l'histoire est, à mon sens, celle de Kant. L'auteur de l'*Idée d'une histoire universelle au point de vue comopolitique* définit son projet comme un acte de foi qu'il attribue au dessein d'une Nature ou d'une Providence identifiée à Dieu. Il s'agit d'« une tentative philosophique pour traiter l'histoire universelle selon un plan de la nature qui vise à l'édification politique parfaite dans l'espèce humaine[9] ». L'hypothèse de cette histoire universelle, dont Kant ressent l'originalité puisqu'il reconnaît qu'elle paraît « étrange » ou même « absurde », est bien présentée comme une *Idée*, au sens platonicien du terme. Cette Idée, selon laquelle le monde doit suivre un cours raisonnable, sera une sorte de « fil conducteur » pour interpréter l'histoire comme un système et non

9. Kant, *Idée d'une histoire universelle au point de vue cosmopolitique*, « Neuvième proposition », *Œuvres philosophiques II*, Paris, Gallimard, Bibliothèque de La Pléiade, 1985, p. 202.

comme un agrégat d'actions humaines sans plan d'ensemble. Et Kant de noter tout de suite que ce projet est parti de l'histoire grecque, car « c'est par elle que toutes les autres histoires, antérieures ou contemporaines, nous sont conservées, ou tout au moins c'est à partir d'elles qu'on peut les conjecturer[10] ».

Kant ne souligne pas ici, tant la chose est évidente pour lui, que l'histoire chrétienne a également permis aux autres peuples d'entrer dans l'histoire universelle. C'est en effet à partir de l'eschatologie chrétienne, d'une part, et de l'adoption en 1582 du calendrier grégorien, d'autre part, que l'Europe et les autres continents ont mesuré, et mesurent encore, l'avance du temps. Si l'on reconnaît, par conséquent, l'influence de la Grèce sur Rome, précise Kant, puis l'influence du peuple romain sur les peuples barbares qu'il a conquis, mais qui, finalement, l'ont détruit; si l'on ajoute l'influence du christianisme sur les peuples romains, barbares, européens et ceux dont la connaissance est issue des « nations éclairées », alors les hommes découvriront « un cours régulier dans l'amélioration de la constitution politique sur notre continent (qui vraisemblablement donnera un

10. Kant, *Idée d'une histoire universelle au point de vue cosmopolitique*, *op. cit.*, p. 203.

jour des lois à tous les autres[11]) ». L'histoire manifestera les progrès de la pensée rationnelle, sur le plan théorique, et de la constitution politique, sur le plan pratique, pour unifier toute l'espèce humaine. Dans ce texte fondateur, Kant insiste à trois reprises sur l'image du fil conducteur pour évoquer l'idée régulatrice d'une histoire du monde qui ne se réduirait pas à une accumulation des faits empiriques. On peut, bien entendu, souscrire à une autre vision de l'histoire, celle des auteurs tragiques comme Shakespeare. Pour Macbeth, on s'en souvient,

> *[Life is] a tale*
> *Told by an idiot, full of sound and fury,*
> *Signifying nothing*[12].

Mais cette vision tragique, qui s'enracine dans le théâtre des Grecs plus que dans leur philosophie, n'a pris de sens en Europe que dans son opposition à la vision rationnelle. C'est toujours cette dernière qui donne le *la* et qui tente, dans le chaos des affaires humaines, qu'elles soient

---

11. Kant, *Idée d'une histoire universelle au point de vue cosmopolitique*, *op. cit.*, p. 203-204.
12. Shakespeare, *Macbeth*, acte V, scène 5 : « La vie est une histoire contée par un idiot, pleine de bruit et de fureur, et qui ne signifie rien. »

guerres ou génocides, de discerner un dessein intelligible et d'espérer une fin heureuse dans une société unifiée. Lorsque Kant remarque que nous sommes *cultivés* par les arts et les sciences, nous sommes *civilisés* par l'urbanité et la bienséance, mais nous ne sommes pas encore *moralisés* par le droit et la justice, il dégage une hiérarchie des formes de vie en commun qui est conduite par une finalité implicite. Tout se passe comme si les hommes ne pouvaient avoir l'espoir d'une vie pacifiée, et juste, qu'en traversant des périodes de violences. Kant émet alors l'hypothèse, étonnante sinon scandaleuse au premier abord, selon laquelle, si l'homme veut la concorde, la nature sait mieux que lui ce qui est bon pour l'humanité, c'est-à-dire la discorde. Comme l'homme, ce bois courbe et dur dans lequel l'éducation ne taille pas droit, ne peut dominer sa « soif égoïste d'expansion[13] », la nature a choisi de parvenir à ses fins par ce même moyen. La violence, par ses excès, forcera l'homme à réaliser les conditions d'exercice d'une constitution politique parfaite comme si celle-ci était l'accomplissement d'un plan secret de la nature. Ces analyses peuvent s'appliquer mot pour mot aux

13. Kant, *Idée d'une histoire universelle au point de vue cosmopolitique*, *op. cit.*, p. 201.

injustices humaines, dont au premier chef celle que beaucoup considèrent comme la plus grave puisqu'elle a détruit des cultures, la colonisation.

Le sens de l'histoire de l'humanité, postulé par Kant comme justification de la Nature, systématisé ensuite par Hegel comme révélation de la Raison et par Schelling comme manifestation de l'Absolu, est désormais orienté vers l'avenir. Marx pourra chercher alors à séculariser définitivement l'histoire divine en donnant le premier rôle aux hommes qui font l'histoire sans savoir l'histoire qu'ils font dans une perspective eschatologique analogue. Le salut de l'humanité ne sera plus désormais céleste, mais terrestre. Le messianisme du prolétariat doit suivre les lois du matérialisme dialectique pour sauver l'humanité en prenant la place du messianisme de Jésus qui avait suivi la loi du Père pour sauver les hommes.

Où trouverons-nous une conception de l'histoire approchante chez les peuples étrangers à l'Europe ? Quelles sont les notions africaines, puisque nous parlons de l'Afrique, qui correspondent, si peu que ce soit, au messianisme chrétien, kantien, hégélien et marxiste, ou, simplement, à la vision des Lumières d'un progrès linéaire de la civilisation en dépit des accidents de l'histoire ? Augustin, Thomas d'Aquin,

Bossuet, Rousseau, Condorcet, Kant, Hegel, Comte, Marx, Carlyle, et bien d'autres penseurs ont témoigné de l'historicité de l'homme occidental. Sous quelle forme ce concept complexe d'histoire, à la croisée de la religion chrétienne et de la philosophie grecque, serait-il apparu chez des peuples qui, jusqu'à l'arrivée des missionnaires, ne connaissaient pas l'écriture ? Quels mythes africains utilisent la notion, même implicite, d'histoire pour penser la succession des événements dans une temporalité qui n'est plus circulaire ou cosmogonique ? Quelles traditions animistes enseignent que le temps suit un cours régulier réglé par l'idée de système afin de conduire l'humanité vers une constitution politique rationnelle ?

La providence de Kant provient peut-être des mêmes sources cachées que le destin des Africains ou le mana des Polynésiens. Ce ne sont pourtant ni les Africains ni les Polynésiens qui ont conçu des analyses aussi abstraites et qui ont idéalisé l'histoire humaine. Constater que l'homme africain n'est pas « assez entré » dans l'histoire, ou y est entré tardivement par rapport aux Européens, ne constitue en rien un affront ou une marque de mépris. C'est simplement le constat, admis par les intellectuels africains eux-mêmes quand ils appliquent à leurs cultures des catégories kantiennes, hégéliennes ou marxistes, que le développement historique de l'Afrique, mis en lumière par la diffusion des connaissances et l'utilisation des techniques, a été tardif par rapport à l'Europe. Reprenant la distinction bergsonienne des sociétés ouvertes et des sociétés closes, Fernand Braudel n'hésitait pas ainsi à reconnaître que « l'Afrique noire, en somme, s'est ouverte mal et tardivement sur le monde extérieur[14] ».

L'obstacle à la reconnaissance de ce retard tient à ce que l'histoire est intervenue en Afrique comme sur d'autres continents avec le colonialisme. Que cette histoire coloniale, l'expression étant pléonastique puisque la colonisation est la marque de l'histoire, ait été souvent criminelle n'est pas un argument contre l'absence d'historicité dans le monde africain. L'histoire coloniale a franchi souvent les bornes du crime, en versant dans l'horreur, comme le répète Kurtz en expirant dans *Au cœur des ténèbres*, l'ouvrage le plus bouleversant sur les méfaits du colonialisme : « *The Horror! The Horror*[15] *!* » On ne peut en inférer que les cultures africaines possédaient avant la colonisation les outils

14. F. Braudel, *Grammaire des civilisations, op. cit.*, p. 185.
15. J. Conrad, *Au cœur des ténèbres* (1902), Paris, Éditions des Équateurs, 2009.

scientifiques et techniques, ainsi que la philosophie et la religion, qui ont développé le concept d'histoire en Europe. Elles possédaient d'autres outils religieux, mythiques et artistiques qui témoignent sans doute, implicitement, de structures de rationalité analogues à celles que les sciences européennes ont développées. Mais la connaissance logique de ces structures, au même titre que leur reconnaissance morale, ne provient pas de ces outils eux-mêmes, mais des méthodes qu'utilisent les anthropologues, qu'ils soient d'origine européenne, américaine ou africaine. Il revient maintenant aux Africains eux-mêmes d'intégrer dans leurs cultures les apports de la culture occidentale. Ils sont loin d'ailleurs de s'en priver au même titre que tous les autres peuples du monde.

Quand les historiens reconnaissent que l'Europe a reçu le zéro, et la notion d'ensemble vide, des mathématiciens indiens par l'intermédiaire des Arabes, notamment celui d'al-Khwārizmī au VIIIe siècle qui apporte par son nom l'algorithme, et par ses travaux, l'algèbre, ils ne font aucun affront aux mathématiciens européens. En dépit d'Euclide, de Diophante et d'Archimède, les Grecs ignoraient le zéro, comme les Africains ou les Mélanésiens, en dépit de leurs propres traditions, ont ignoré l'histoire. Ce n'est pas une humiliation, mais simplement un fait, et un fait historique puisque l'entrée en scène du zéro a été un événement décisif dans l'histoire des mathématiques en permettant des progrès considérables en arithmétique, en algèbre, en géométrie et en topologie. De façon analogue, l'entrée en scène de l'histoire, avec la diffusion des savoirs et des techniques de l'Europe, a été décisive en Afrique. Que cette entrée en scène ait été en même temps une entrée en colonie et une entrée en violence, est certainement regrettable. Nous pouvons aujourd'hui en condamner l'injustice sans pour autant nous complaire dans cette condamnation, car elle ne change rien à un fait historique vieux de deux siècles. Dans la succession des événements que nul n'est en mesure de modifier, il reste que la colonisation a été la condition de l'accession de l'homme africain à ce qu'Husserl nommait l'humanité européenne, en d'autres termes à l'universel. Comment le nier sans nier les armes mêmes de ce que l'on nie, celles de l'ancien colonisateur ? Comment le déplorer sans déplorer que les intellectuels africains, savants, artistes et politiques, de l'Afrique subsaharienne à l'Afrique du Sud, aient accédé aux responsabilités qui, dans une langue africaine ou une langue européenne, sont désormais les leurs ?

La colonisation culturelle

Soyons plus intempestif encore, ou provocateur, afin de provoquer le lecteur, comme je le disais plus haut, à abandonner ses préjugés. On fustige à bon droit, aujourd'hui, l'esclavage reconnu comme un crime contre l'humanité, comme on aurait dû le fustiger, hier, à l'époque du commerce triangulaire. L'Europe chrétienne ou kantienne, religieuse ou philosophique, a trahi alors ses principes éthiques universels en dépit d'hommes courageux, comme, dès le début de la colonisation, Francesco de Vitoria, le fondateur du Droit international, Bartolomé de Las Casas, le défenseur des Indiens, ou Montesquieu, le critique de l'esclavage. Ils ne furent pas nombreux parmi les gens de lettres et les hommes politiques, mais enfin il y en eut et leurs voix portèrent au-delà du siècle. En notre temps, personne n'aura l'idée de prendre la plume pour défendre l'esclavage même si certains peuples le pratiquent dans quelques régions reculées. On s'accordera donc à condamner une fois de plus l'esclavage ancien, d'il y a plusieurs siècles, parce qu'un langage d'autant plus incantatoire qu'il est inutile donne bonne conscience à ceux qui s'en réclament.

Il est inutile parce que, en ce domaine, il y a des lois dans les États de droit et que ces lois suffisent à punir ceux qui commettraient un crime contre l'humanité. Il est surtout inutile parce que la condamnation récurrente de l'esclavage passé ne change rien au sort des esclaves africains vendus des siècles durant aux Européens et aux Arabes. Autant vaudrait, pour les Français, s'élever régulièrement contre la mise à mort de Vercingétorix par Jules César, ou, pour les Tunisiens, protester tout aussi régulièrement contre la destruction de Carthage, chacun des deux plaignants demandant réparation à l'État italien. C'est oublier, à s'hypnotiser sur les conduites barbares, mais révolues, de peuples qui possédaient une culture avancée et qui, dans le cas des Romains, instauraient un juridisme strict dont nous sommes les descendants, que ces méfaits ont été la condition des progrès ultérieurs. L'ambiguïté historique est ici d'ordre ontologique. Prenons le cas des États-Unis où le problème noir a été d'autant plus dramatique qu'il s'est posé à une grande échelle dans la première démocratie moderne dès le XVIIIe siècle. Les Noirs américains contemporains, les *African Americans,* écrivains comme Toni Morrison, politiques comme Marthin Luther King, cinéastes comme Spike Lee, sportifs comme Michael Jordan, animateurs de télévision comme Oprah Winfrey, acteurs et actrices de cinéma comme Morgan Freeman et Halle Berry, ne seraient pas ce qu'ils sont aujourd'hui sans l'esclavage d'hier. Il faut l'admettre, quelle que soit la répulsion que l'on a devant les souffrances passées des esclaves : la culture noire américaine est née de ces souffrances au même titre que des générations de citoyens libres sont nées de générations d'esclaves enchaînés.

Reconnaître ce fait historique, que les contempteurs d'un racisme encore vivace utilisent pour fonder leurs critiques, ne donne aucune légitimité à l'esclavage passé, ou présent, qui reste la marque ultime de l'infamie. C'est constater que, d'un mal absolu qui demeure ineffaçable dans les mémoires et qui, comme disait Dostoïevski de la souffrance des enfants, ne sera jamais racheté, sont nées d'autres formes d'existence qui sont bonnes, ou du moins meilleures, et pas seulement quand elles condamnent l'esclavage ancien. Kant n'avait pas tort de proposer l'hypothèse étrange d'une histoire qui cache son plan secret aux hommes qu'elle met en scène. Il y reconnaissait une ruse de la nature qui utilise des voies obliques pour tracer un chemin droit ou, si l'on préfère, qui fait usage du mal pour parvenir au bien. Kant parlait de la discorde que la nature impose à l'homme pour obtenir ce qui est bon pour son espèce : la concorde. On peut se choquer des ruses de la nature comme on s'est choqué des ruses de la Providence, ou de Dieu, dont les voies sont impénétrables. Nous n'avons pourtant pas d'autre explication pour comprendre, sans pour autant la justifier, l'existence du mal dans l'être humain. Quelle est en effet la loi que les Européens ont découverte dans l'histoire pour expliquer le mal et qui a succédé aux interventions de la nécessité grecque, *anankê*, du destin romain, *fatum*, de la force polynésienne, *mana*, du sacré sioux, *wakan*, de l'énergie iroquoise, *orenda*, ou, simplement, d'une fatalité sur laquelle nous ne pouvons rien ? C'est la loi de l'existence humaine qui, de génération en génération, sacrifie les souffrances du présent aux espoirs de l'avenir. Kant y a décelé le principe historique d'une discorde naturelle, ou providentielle, qui prépare contre leur gré la concorde future des hommes.

« Demeure toujours étrange ici le fait que les générations antérieures ne semblent poursuivre leur pénible labeur qu'au profit des générations ultérieures, afin précisément de leur préparer un échelon à partir duquel elles pourraient élever plus haut l'édifice que la nature a en vue, alors que seules les générations plus tardives doivent avoir la chance d'habiter l'édifice auquel a travaillé une longue lignée de devanciers (il est vrai sans l'avoir intentionnellement voulu) qui ne pouvaient pourtant eux-mêmes prendre part à la joie qu'ils préparaient[16] ».

C'est très étrange, et même énigmatique, en effet. Mais c'est l'étrangeté même de l'histoire depuis Hérodote et l'énigme même de l'homme depuis Œdipe. Que l'on n'écarte pas la perspective kantienne parce qu'elle resterait sous l'influence du messianisme chrétien. La pensée révolutionnaire, avec Marx, n'a jamais dit autre chose. Lorsque l'auteur du *Manifeste du parti communiste* écrivait que l'histoire de l'humanité est l'histoire de la lutte des classes, c'est-à-dire de la discorde kantienne, et que cette période millénaire prépare, comme une « préhistoire », l'avènement de la société sans classes, il justifiait la justice communiste à venir, aussi idéale que la constitution de Kant sera parfaite, par les injustices des sociétés esclavagistes, féodales, capitalistes et socialistes. C'est sur un monceau de souffrances privé de salut, mais honoré par la bénédiction de la dialectique, que viendra s'élever, à la fin des temps, l'édifice communiste pour prendre la place de l'édifice kantien. Que l'on considère la téléologie chrétienne, la téléologie kantienne ou la téléologie

16. Kant, *Idée d'une histoire universelle au point de vue cosmopolitique, op. cit.*, p. 191.

marxienne, on suit toujours aveuglément un *telos*, une fin, qui donne un sens à ce qui semble n'en avoir aucun et qui impose une vision systématique de l'histoire humaine. Parler ici de système signifie qu'il faut prendre en considération tous les épisodes de l'Histoire, même les plus condamnables, même les plus criminels, même les plus inexpiables, pour trouver un sens au présent et, plus encore, à l'avenir.

Restons une dernière fois dans la question de l'esclavage et, puisque je parle dans cet ouvrage de culture, considérons le cas du jazz. Il a été la grande innovation de la musique noire, et néanmoins européenne, du XXe siècle. Car ce n'est pas la musique sérielle, la musique électronique ou la musique concrète qui auront influencé le monde entier : chacun de nous a entendu une version du *St Louis blues* de William Christopher Handy, par exemple celle de Louis Armstrong en 1929 ; combien sont ceux qui ont entendu l'*Étude n° 1 Déconcertante ou Étude aux tourniquets* de Pierre Schaeffer en 1948 ? C'est le jazz, issu du blues, et ses prolongements dans le rock et ses dérivés, qui ont été et sont les musiques les plus diffusées dans le monde. Convenons d'appeler « jazz » le style de musique inventé par les musiciens noirs du Sud, à la Nouvelle-Orléans, entre 1900 et 1920, sur les traces du gospel, du ragtime et de la musique européenne savante, de Chopin à Ravel. Mon lecteur écoutera par exemple le *Chopin Impressions* d'Erroll Garner, en 1952, interprété par un pianiste qui ne savait pas déchiffrer une partition, ou le *Very Early* de Bill Evans en 1962 avec ses nappes d'accords ravéliens.

Que dirait l'amateur de jazz aujourd'hui, et plus encore le musicien, si le magicien dont j'ai parlé supprimait d'un coup de baguette, avec la traite des Noirs des siècles passés, l'histoire du jazz de Jelly Roll Morton à Charlie Parker et de John Coltrane à Keith Jarrett ? Il supplierait le magicien de lui redonner, d'un nouveau coup de baguette, une musique qui est inséparable de sa vie. Mais le magicien ferait remarquer qu'il y a une condition impérative à son souhait : la réapparition du jazz serait inséparable du rétablissement de l'esclavage, car on ne peut pas toucher aux fils sans toucher aux pères et changer seulement une séquence de l'histoire. Il va de soi que la raison de notre musicien lui interdirait de faire revivre l'esclavage des Noirs ; mais il va également de soi que son désir le pousserait à retrouver sa musique. Le magicien mettrait fin à son hésitation en lui disant que, de toute façon, cette hésitation est commandée à la fois par l'existence de l'esclavage et par l'existence du jazz. Tout se tient en effet dans le rêve comme dans la vie, dans le monde virtuel comme dans le monde réel. Le tragique de l'existence tient à l'impossibilité de trier dans le passé les épisodes heureux en éliminant les épisodes malheureux pour constituer un présent, et bientôt un avenir, sans tache. Seule la pierre est innocente, dit la sentence de Hegel. L'histoire est toujours coupable même lorsqu'elle prépare, on sait désormais à quel prix, des lendemains qui chantent. Et si l'histoire est toujours coupable, la colonisation l'est aussi puisque l'histoire du monde n'est qu'une suite de colonisations par le commerce, l'économie, la guerre, l'immigration, la religion, l'éducation et la connaissance. Peut-on sans contradiction rejeter toute forme de colonisation et refouler l'histoire en se satisfaisant d'une condamnation d'autant plus stérile qu'elle ne modifiera pas le passé ?

Les méfaits et les bienfaits de la colonisation

Le débat récurrent sur la colonisation européenne, débat lancé par les élites occidentales, est curieusement d'autant plus aigu que l'on s'éloigne de la période coloniale. Tout se passe comme si les Européens et les Occidentaux, qui n'ont existé qu'à la suite d'une série de colonisations, les

Américains en premier lieu, ne parvenaient pas à s'arracher à un souvenir aussi indélébile que la tache de sang de Lady Macbeth. Pourtant, la colonisation ne concerne plus notre présent ni notre avenir à moins de penser à coloniser de lointaines planètes. Pourquoi revenir alors sur un débat d'autant plus insoluble qu'il est mal posé ? On doit s'étonner, d'abord, de la condamnation unanime d'un colonialisme révolu qui *n*'aurait produit *que* des méfaits. Comment imaginer qu'une démarche humaine, prise en bloc et sans nuances, ne cause dans le temps que des effets néfastes au point qu'il devient interdit de lui supposer des effets positifs pour les colonisés ? En clair, ce qu'il faut appeler des bienfaits. Cela supposerait, pour parler encore avec Kant, non pas une race de colonisateurs, mais une race de démons !

Les adversaires du colonialisme arguent du fait que la colonisation européenne qui se trouve seule visée, les autres étant ignorées, a fait disparaître les cultures indigènes. Je me tiendrai à cette critique de l'acculturation forcée, et non à la critique des destructions humaines que je condamne comme les génocides passés et présents. Le fond de la critique tient à l'éradication linguistique et culturelle des peuples non-européens plus qu'à la souffrance physique des hommes : cette éradication a été en effet d'une échelle plus importante dans l'histoire humaine. C'est la question de la disparition de ces cultures exotiques qui pose problème déjà sur le plan sémantique. Or, le concept de culture, je l'ai rappelé dans les chapitres précédents, est spécifiquement européen et ne réduit pas à ce que les autres sociétés ont connu en matière de religions, de mythes, de représentations du monde et de pratiques sociales. Ces formes de vie et de pensée ne sont pas, *stricto sensu*, des cultures à moins de leur imposer l'usage d'un terme qui avait pour les Romains, puis les Européens, un tout autre sens que celui que définit aujourd'hui l'Unesco : « l'ensemble des traits distinctifs, spirituels et matériels, intellectuels et affectifs, qui caractérisent une société ou un groupe social[17] ». La culture européenne est un mode d'expression théorique, de forme rationnelle à l'égard des objets considérés, et un mode d'expression spéculaire, d'ordre critique à son propre égard, qui ne se retrouve pas dans les autres sociétés, mais qui projette sur elles son modèle culturel pour les connaître.

17. « Déclaration de Mexico sur les politiques culturelles », Conférence mondiale sur les politiques culturelles, Mexico City, 26 juillet – 6 août 1982.

L'histoire humaine est une longue suite de colonisations, et donc de métissages de peuples, par des peuples plus puissants qui ont usé et abusé de leur puissance, mais qui ont aussi introduit chez les peuples colonisés leurs façons de vivre, leurs religions et leurs organisations politiques. L'Europe n'a pas fait exception à cette loi historique. Mais elle a apporté en outre aux peuples qu'elle a découverts une colonisation culturelle sans exemple dans le monde. Celle-ci ne s'est pas limitée à une domination démographique, militaire, économique et religieuse; elle a pris très vite la forme d'une domination intellectuelle et, il faut en convenir, juridique et morale. La colonisation européenne a eu alors deux effets convergents. Un effet centripète sur les colonisés qui ont reçu et intégré la culture européenne avec les principes et les concepts qui la définissent, en premier lieu le concept critique qu'ils ont plus tard retourné contre le colonisateur comme un boomerang. Un effet centrifuge sur le colonisateur qui a intégré en retour la résistance des colonisés qui s'appuyait sur les concepts et les principes du colonisateur en lui renvoyant son image déformée. Cette nouvelle dialectique du maître et de l'esclave a libéré de leurs chaînes matérielles les colonisés tout en les assujettissant à des chaînes intellectuelles moins visibles, mais encore plus résistantes.

Qu'aurait été la Gaule si Jules César ne l'avait pas vaincue pour en faire une province romaine, selon l'étymologie possible de *pro-vincere*, « vaincre auparavant » ? Y aurait-il eu une France, une langue et une culture françaises sans cette colonisation ? Y aurait-il eu une Europe en dehors du *limes* romain qui a précisément tracé les limites de la culture du colonisateur ? Y aurait-il eu une Amérique, et une démocratie américaine, sans une colonisation de peuplement et bientôt de culture, qui, en dépit de la destruction des nations indiennes, a donné à la démocratie une terre d'élection ? Que les colonisations aient commis des crimes au regard de la morale universelle qui a été exprimée et diffusée par l'Europe ne fait à mes yeux aucun doute. Les Européens ont été infidèles à leurs principes comme l'avait montré Montaigne dans une formule définitive à propos des cannibales. « Nous les pouvons donc bien appeler barbares, eu égard aux règles de la raison, mais non pas eu égard à nous, qui les surpassons en toute sorte de barbarie[18] ». La ruse de l'histoire a tenu à ce renversement de la barbarie en culture pour imposer ces

18. Montaigne, « Des Cannibales », *Essais*, I, 31.

« règles de la raison » sur lesquelles s'appuyait Montaigne. Elle sont bien universelles, puisqu'elles s'appliquent aux Indiens comme aux Espagnols et aux Portugais, c'est-à-dire à nous, les Européens. Mais elles sont exprimées par un Européen, maire de Bordeaux, dont la critique est issue d'une culture raffinée qui se cherche, et se trouve, dans une constante remise en cause.

Changeons de cap et considérons le cas d'une colonisation récente, celle de l'Algérie, qui, conquise militairement par la France en 1830, prenait en 1847 le statut de trois départements français. Les terres du Maghreb avaient connu pendant des siècles les occupations des Phéniciens, des Romains, des Vandales, des Byzantins et, à leur suite, des Arabes qui imposèrent leur langue et leur religion aux tribus berbères, puis des Espagnols qui occupèrent Oran en 1509, enfin des Ottomans qui chassèrent les Espagnols en 1555 pour imposer deux siècles de domination en Algérie et de piraterie en Méditerranée. La colonisation française a été une colonisation tardive qui s'est imposée, comme colonisation de peuplement, après le protectorat turc du Dey d'Alger, alors que ni la nation algérienne, ni le nom du pays, Algérie, n'existaient encore. On trouve la première occurrence du terme chez Fontenelle, en 1686, pour qualifier ce qui était alors connu sous le nom de « Régence d'Alger ». Elle fut commandée successivement par des Pachas, des Aghas et des Deys qui dépendaient du Sultan ottoman jusqu'à ce que la France prenne possession de la Régence, bientôt devenue Algérie, et la pacifie en 1871 après plusieurs soulèvements des populations indigènes. Les historiens évaluent à 400 000 le nombre de morts à la fin de la conquête. Ce nombre peut être doublé si l'on ajoute les victimes des grandes famines qui ont ravagé le pays dans les années 1860.

Il est définitivement établi que la colonisation française a produit en Algérie, en dehors des violences militaires, de nombreuses injustices politiques et sociales en fonction des normes des indigènes comme en fonction de celles des colonisateurs. Un débat ambigu sur la question eut lieu en France dès 1885, au sein des partis de gauche, lorsque Georges Clemenceau répliqua à Jules Ferry qui justifiait sa politique coloniale en arguant que « les races supérieures » devaient civiliser « les races inférieures » : « La conquête que vous préconisez, c'est l'abus pur et simple de la force que donne la civilisation scientifique sur les civilisations rudimentaires pour s'approprier l'homme, le torturer, en extraire toute la force qui est en lui au profit du prétendu civilisateur[19] ? ». On reconnaît l'argument légitime que Montaigne avait déjà utilisé et, plus tôt encore, Las Casas. Suffit-il à nier entièrement qu'il y ait eu des aspects positifs dans la colonisation française de l'Algérie ?

La mise en valeur de terres non cultivées, l'assèchement des marais de la Mitidja, la plantation des vignes, la création de routes et de chemins de fer, le développement des villes et des ports, la construction d'hôpitaux et de dispensaires, d'usines et de barrages, l'ouverture d'écoles dans les villes et dans le bled, la création de l'université d'Alger, la seconde de France après La Sorbonne, l'alphabétisation d'une partie importante de la population par les instituteurs et l'enseignement dans les collèges et les lycées, enfin, et plus tardivement, la découverte du pétrole et du gaz dans le sol algérien, tous ces éléments d'infrastructure économique et sociale ont-ils été nuls et non avenus ? Dans quelle langue et dans quelle culture, selon quels principes juridiques et moraux, sinon la langue française

19. Discours de l'Assemblée nationale le 30 juillet 1885. Cf. G. Manceron, *1885. Le Tournant colonial de la République : Jules Ferry contre Georges Clemenceau, et autres affrontements parlementaires sur la conquête coloniale*, Paris, La Découverte, 2007.

et les principes européens, se sont exprimés les indépendantistes du MNA et du FLN ? Était-ce au nom des commandements de l'Islam ou au nom des valeurs de la démocratie que le colonisateur avait bafouées, mais aussi enseignées et diffusées ? Le ressentiment naturel devant les injustices subies par les Algériens de l'époque coloniale doit-il aveugler leurs successeurs, ou les successeurs des colonisateurs, au point de refuser de voir les réalisations effectives d'une culture dispensée aux colonisés qui s'étaient pour beaucoup identifiés à la culture coloniale et dont un grand nombre, aujourd'hui encore, sont de nationalité française ?

Je me souviens d'un échange amical à Chypre, en octobre 2008, lors d'un colloque sur le monde méditerranéen, avec Sid Ahmed Ghozali. Cette personnalité algérienne a été successivement ambassadeur d'Algérie auprès de la France, ministre des finances, ministre des affaires étrangères, puis Premier ministre, après avoir présidé la Sonatrach, la compagnie algérienne de pétrole et de gaz. Nous avions été condisciples au Lycée Lamoricière d'Oran, aujourd'hui Lycée Pasteur, à quelques années près. Lui s'était orienté, après une classe préparatoire scientifique, vers le métier d'ingénieur et avait été reçu à l'École des Ponts et Chaussées ; de mon côté, j'étais passé dans le même établissement par une classe d'hypokhâgne avant d'obtenir une agrégation de philosophie, puis un doctorat. Il me demandait de convenir que peu de musulmans avaient eu accès à l'université et aux études supérieures. Je ne pouvais qu'acquiescer à son observation. Mais j'ai ajouté deux choses. D'une part, une partie importante de la jeunesse algérienne avait accès aux enseignements élémentaires et secondaires, et lui-même, en parvenant à un niveau scientifique élevé à la suite d'un concours national, avait justifié l'école républicaine française. Cette dernière lui avait permis de réussir une carrière économique et politique remarquable. D'autre part, si nous considérions l'après-guerre en France, combien d'adolescents de métropole pouvaient étudier à l'université ou bien intégrer les grandes écoles ?

Un déficit de démocratie scolaire ne suffit pas à nier l'existence de la scolarisation dans un pays qui ne la connaissait pas avant 1830. À l'époque turque, la Régence d'Alger possédait des écoles coraniques où l'on apprenait aux élèves le Coran et la grammaire arabe. Quand les écoles furent créées en Algérie, les Algériens des premières années de la colonisation refusèrent d'y envoyer leurs enfants par crainte d'une opération d'évangélisation.

On comprend cette réaction de protection. Ceux qui acceptèrent néanmoins de les scolariser furent souvent dénoncés comme renégats à leur ethnie et à leur religion. Il fallut attendre la Seconde République, après 1848, pour instaurer la gratuité de l'école et créer un enseignement spécifique pour les indigènes, lequel fusionnera tardivement avec l'enseignement pour les Européens en 1949. Que la colonisation ait permis à des enfants de familles modestes, ainsi Mouloud Feraoun, un jeune boursier kabyle de l'école de Tizi-Ouzou, de devenir, après avoir été instituteur puis directeur d'école, un grand écrivain et poète français, n'est peut-être pas à mettre au discrédit de la culture qu'il avait faite sienne[20]. Albert Camus, un autre fils de pauvre comme son ami algérien, qui obtiendra le prix Nobel de littérature, n'a jamais dit autre chose.

Le paradoxe de l'anticolonialisme

La dénonciation actuelle du colonialisme, envisagée dans sa totalité, outre qu'elle reste limitée à sa forme européenne qui est historiquement la dernière, s'avère

20. M. Feraoun, *Le Fils du pauvre* (1939), Paris, Le Seuil, 1954.

inopérante dans l'ordre historique comme dans l'ordre logique. Dans l'ordre historique, en premier lieu, nous ne pouvons revenir en arrière pour modifier le passé selon notre volonté, car le passé est définitivement révolu. En outre, il est absurde de se placer à la fois dans le passé, pour le juger du point de vue du présent, et dans le présent pour venir juger le point de vue du passé. Combien d'anticolonialistes d'aujourd'hui auraient été de fiers coloniaux comme Jules Ferry hier pour propager les valeurs de la laïcité et de la république ? Les partis de gauche du XXe et du XXIe siècle n'ont pas eu de mots assez durs pour flétrir, avec une colonisation qui est inscrite dans le passé, une culture qui reste vivante dans le présent. Ils oublient que ce sont leurs prédécesseurs du XIXe siècle qui, contre les conservateurs hostiles à l'expansion coloniale comme Thiers, l'ont au contraire encouragée pour enseigner aux autres peuples les bienfaits de la civilisation. Il suffit de lire les textes de Victor Hugo. Contre le général Bugeaud qui était réticent devant la colonisation militaire de l'Algérie, le poète répondit : « Je crois que notre nouvelle conquête est chose heureuse et grande. C'est la civilisation qui marche sur la barbarie. C'est un peuple éclairé qui va trouver un peuple dans la nuit. Nous sommes les Grecs du monde, c'est à nous d'illuminer le monde[21] ».

Quoi qu'il en soit de ces excès rhétoriques passés, qui poussent le poète à une surenchère d'universalité, nous ne sommes pas autorisés à juger, avec nos critères présents, les événements d'hier et d'avant-hier. Sans doute serons-nous également jugés, avec la même sévérité et la même injustice, par nos successeurs. Nous pouvons seulement, en nous détachant des crimes passés et des condamnations présentes, reconnaître, au sein du courant de l'histoire, à quels moments les Européens ont été fidèles ou infidèles aux principes constitutifs de leur culture. Il est même possible de soutenir une hypothèse métaphysique forte, comme celle de l'historien Leopold von Ranke, dans sa célèbre formule : « Chaque époque est immédiate par rapport à Dieu. » Comprenons que chaque période historique est moins liée à celles qui la précèdent ou à celles qui la suivent qu'au principe qui la surplombe sans médiation et qui est son origine comme sa fin. C'est à cette

---

21. Note d'Adèle Hugo, « Conversation avec Bugeaud », *Choses vues*, 1841, cité par Pascal Melka, *Victor Hugo. Un combat pour les opprimés*, Paris, La Compagnie Littéraire, 2008, p. 376.

condition que l'on peut juger, en notre temps, que la destruction de Carthage par Rome fut un crime, non par rapport à la religion romaine ou carthaginoise, mais par rapport à l'idée universelle de justice qui transcende le cours de l'histoire. Mais sommes-nous toujours sûrs de nous tenir au niveau de l'absolu et de distribuer félicitations et blâmes en jugeant les événements passés du point de vue de la fin de l'histoire ?

Dans l'ordre logique, en second lieu, la contradiction décisive du procès intenté à l'Europe pour juger de sa culpabilité tient à ce que cette culpabilité et ce procès sont instruits par cette même culture en justifiant, de façon paradoxale, ses valeurs universelles. De même que je ne peux renier, en français, l'usage de la langue française puisque, au moment où je la renie, je l'utilise, je ne peux renier, en bon Européen comme disait Nietzsche, la culture européenne qui est la mienne sans faire appel à ses principes et à son argumentation logique. Je peux seulement soumettre à la critique, qu'elle soit justifiée ou non, certains éléments de cette culture que je conteste au nom de ses idées sans la mettre entièrement en cause et lui dénier toute légitimité. C'est pourtant ce que font les déconstructeurs du colonialisme et, derrière le colonialisme, de la culture, lorsqu'ils rejettent tout en bloc ou lorsqu'ils interdisent, pour les moins radicaux, que l'on invoque leurs effets positifs, non pas sur le moment, mais dans la suite des événements considérés.

Au fond, toutes ces critiques, c'était le cas avec Marx et avant lui avec les gnostiques, reviennent à mettre en jugement l'histoire, c'est-à-dire l'Europe puisqu'elle a apporté au monde le concept d'histoire, quand ce n'est pas mettre en jugement l'existence de l'homme. Mais, pour juger l'histoire, il faut sortir de l'histoire et faire appel à un tribunal supérieur, ou, par un artifice sémantique, la dénoncer comme préhistoire en attendant que l'histoire véritable vienne à paraître. C'est ainsi que le communisme, pour Marx, devait en finir avec les périodes qui l'ont précédé dans la mesure où elles n'étaient pas encore historiques et donc dignes d'être dévolues à l'homme. Mais si tout n'était que *pré*-histoire dans les temps passés, tout n'était aussi que *pré*-humain : à quel titre jugerions-nous alors les violences et les crimes infligés à ce qui n'était pas encore humain ni encore historique ? La question ne peut être occultée. Qui saurait, sans contradiction et sans ridicule, sortir de l'histoire pour juger l'historique et sortir de l'humain pour juger l'humanité ? Sur quel belvédère cosmique se tient le juge pénitent pour contempler, tout en bas, à l'échelle de notre minuscule planète, les agitations browniennes des hommes ? Quelle délégation l'autorise à se placer du point de vue de Dieu pour prononcer le Jugement dernier en récompensant les bons et en condamnant les méchants pour l'éternité ?

L'idéologie anticolonialiste passe son temps, non pas à dénoncer le colonialisme passé, mais à se complaire dans sa dénonciation présente. La bonne conscience de soi a d'autant plus besoin de censurer la mauvaise conscience de l'autre qu'elle n'existerait pas sans elle. Aussi a-t-on vu depuis quelques décennies les critiques occidentales les plus acerbes s'abattre sur un Occident devenu le bouc émissaire de l'histoire humaine. Il s'agit de se livrer à une souffrance abstraite à l'aide d'une rhétorique doloriste qui fait le bonheur de ceux qui n'ont pas été touchés par les malheurs qu'ils dénoncent. Comme l'a montré Pascal Bruckner, le sanglot de l'homme blanc est devenu la preuve de l'innocence de l'homme noir. Aussi passe-t-on sous silence les trafics d'esclaves organisés au cours des siècles par les Africains eux-mêmes au profit des Arabes et des Européens. On oublie, d'une part, que la traite négrière des Européens a été la dernière en date et qu'elle a duré moins longtemps que les traites des Arabes et des Turcs ; et, d'autre part, que ce sont les Européens, et non pas les autres peuples, qui ont mis fin à ce trafic et qui ont interdit, en imposant les droits de l'homme, l'esclavage dans le monde entier.

Après les condamnations morales de Vitoria, Las Casas, Montaigne, et de bien d'autres auteurs des XVe et XVIe siècles, les penseurs des Lumières développent leurs réflexions sur l'esclavage pour en montrer l'iniquité absolue. L'article de l'*Encyclopédie* rédigé par le Chevalier de Jaucourt, « Traite des Nègres (Commerce d'Afrique) », commence par une condamnation sans appel : « Cet achat de Nègres, pour les réduire en esclavage, est un négoce qui viole la religion, la morale, les lois naturelles, et tous les droits de la nature humaine ». Jaucourt soutient dans ce texte décisif que si les rois africains ne sont pas propriétaires de leurs sujets et ne peuvent pas les vendre, les commerçants européens n'ont pas de leur côté le droit de les acheter et de s'en rendre maîtres. La colonisation est mise en cause à partir de l'esclavage. « Peut-il être légitime de dépouiller l'espèce humaine de ses droits les plus sacrés, uniquement pour satisfaire son avarice, sa vanité, ou ses passions particulières ? Non.... Que les colonies européennes soient donc plutôt détruites, que de faire tant de malheureux ! »

Les philosophes ne seront pas les seuls à intervenir. Dès la fin du XVIIIe siècle, un grand nombre de sociétés anti-esclavagistes apparaissent en France, en Angleterre et aux États-Unis dans les milieux protestants, politiques et, ce qui peut surprendre, économiques. Adam Smith, le père du libéralisme, n'hésite pas à reconnaître que les travaux exercés par des hommes libres sont d'un meilleur rapport que ceux exercés par des esclaves. Le Royaume de Norvège supprime le premier la traite des Noirs en 1792, suivi par la Suède en 1824 et par l'Empire britannique, avec l'*Abolition Bill*, en 1833. Si, en France, l'Assemblée constituante ne parvient pas à abolir l'esclavage en 1792 en dépit des efforts de l'abbé Grégoire, la Convention réussit à le faire deux ans plus tard et accorde la nationalité française aux esclaves affranchis. On sait que Napoléon rétablit l'esclavage en 1802, mais qu'il fut définitivement aboli en avril 1848 grâce à un homme politique, Victor Schoelcher, et à un poète, Lamartine, qui signa le décret au nom de la Commission du gouvernement provisoire. Quant aux États-Unis, Thomas Jefferson fit supprimer la traite des Noirs en 1808 avant que l'abolition de l'esclavage ne soit généralisée à la fin de la guerre de Sécession en 1865.

Si les États européens ont participé pendant plusieurs siècles à la traite des esclaves dans leurs colonies, ou, dans le cas des États-Unis, dans leur propre pays, il reste que ce sont des Européens et des Américains qui ont sensibilisé leurs peuples à l'injustice faite à des hommes auxquels on ne reconnaissait ni dignité ni humanité. Et c'est à partir de leurs principes humanistes, enseignés aussi bien par des théologiens que par des philosophes, pratiqués par des religieux comme par des laïcs, que les pays européens et occidentaux ont été les seuls à condamner, puis à interdire l'esclavage dans le monde. Il est alors pour le moins inattendu que la culture européenne soit aujourd'hui accusée pour des abus pratiqués par le passé, mais qu'elle a fait cesser en restant fidèle aux principes moraux et politiques qui étaient les siens. Pourtant le masochisme occidental, pour citer encore Pascal Bruckner, se reconnaît et prolifère dans « la tyrannie de la pénitence » et « le triomphe de l'esprit d'abdication » qui sont les perversions de l'esprit de justice[22]. Camus l'avait déjà laissé entendre dans *La chute* avec son personnage du juge pénitent.

---

22. P. Bruckner, *La Tyrannie de la pénitence. Essai sur le masochisme occidental*, Paris, Grasset, 2006.

Non seulement la critique anticoloniale fait appel à la responsabilité collective des Européens – « si ce n'est toi, c'est donc ton père » – mais encore elle met en cause la responsabilité rétroactive des descendants des colonisateurs pour compenser la souffrance rétroactive des descendants des colonisés. Outre l'absurdité de l'anachronisme, une telle attitude témoigne d'une régression éthique et juridique considérable. Aucun de nous, dans le temps qui est le nôtre, ne saurait être jugé pour des faits qui ont été commis des siècles auparavant, et aucun des plaignants, parallèlement, ne saurait réclamer réparation pour des souffrances qu'il n'a pas endurées. Portalis, l'un des rédacteurs du Code civil, disait justement que l'office de la loi est de régler l'avenir, car le passé n'est plus en son pouvoir. Il est légitime de reconnaître aux hommes un devoir de mémoire, car le passé pèse toujours sur le présent, mais il est également légitime d'admettre un devoir d'oubli qui interdit au présent de se figer dans le passé. Si l'oubli ne justifie pas la rémission du pardon, il permet du moins l'épreuve du deuil.

V

La crise de la culture européenne

Lorsque Freud écrit en 1929 *Das Unbehagen in der Kultur*, que les traducteurs ont rendu par *Malaise dans la civilisation* ou par *Malaise dans la culture*, c'est à l'Europe qu'il impute cette souffrance. Quelques années plus tard, toujours à Vienne, Husserl formule un diagnostic parallèle, et tout aussi pessimiste. Le malaise des intellectuels provient d'une crise des sciences européennes, c'est-à-dire de l'idée même d'un savoir rationnel qui serait désormais stérile. Ses principes ne semblent plus susceptibles de s'ouvrir à l'humanité entière, une humanité que le philosophe qualifie d'*européenne* dans la mesure où c'est en Europe qu'a été pensé le concept universel d'humanité. En soulignant à quel point les nations européennes sont malades, Husserl établit que « la figure spirituelle de l'Europe », la seule civilisation à avoir porté son regard vers un horizon idéal, est menacée d'une dissolution interne. Ce qu'il appelle « la crise radicale de la vie dans l'humanité européenne[1] », ne prend pas la forme de tel ou tel échec historique, mais celle d'une crise radicale de l'universalité. Elle concerne désormais tous les fondements de ce que l'Europe avait compris jusqu'alors sous le nom de culture.

Devant ce renoncement de l'esprit, Benda et Pessoa n'avaient pas tort d'en appeler aux « hommes d'autrefois » qui portaient leurs regards vers l'Idée. Les hommes d'aujourd'hui ne croient plus dans la mission de l'Europe qui voulait être civilisatrice à l'égard de l'humanité entière. De fait, au XXe siècle, peu nombreux ont été les penseurs, souvent issus de l'Europe de l'Est comme Jan Patočka, Czesław Milosz, Leszek Kolakowski et Karel Kosik, ou de Russie, comme Alexandre Soljenitsyne, pour espérer un réveil de l'Europe et de l'Occident. Les Européens de l'Ouest, et les penseurs occidentaux en général, n'ont eu de cesse que d'accuser, d'affaiblir ou de déconstruire les principes de leur héritage comme s'ils avaient honte d'être aujourd'hui ce qu'ils auraient pu

1. E. Husserl, *La Crise des sciences européennes et la phénoménologie transcendantale*, Paris, Gallimard, 1976, p. 7.

être hier. L'attitude la plus répandue est celle du ressentiment des intellectuels européens, souvent suivis par leurs collègues d'autres continents, contre ce qui relève de la culture libérale et, pour reprendre l'expression américaine, des œuvres des *DWEM* ou *Dead White European Males*[2]. La crise de l'école et de l'université dans la transmission de la tradition, en témoigne, en premier lieu dans cette discipline académique que les Américains appellent *Humanities.* Que les études relevant des humanités soient contestées par ceux-là mêmes qui sont chargés de les enseigner témoigne d'un malaise qui touche aussi bien le visage de la culture que la figure de l'homme qu'elle avait édifiée. Ainsi, dans les années 1990, l'Université de Princeton votait, par trente-neuf voix contre quatre, la suppression de l'unité d'enseignement annuelle « Culture occidentale » au profit de la nouvelle unité « Culture, idées et valeurs ». Elle comprenait des œuvres non européennes, des œuvres féminines, et

2. Cornelius Castoriadis répondait du tac au tac : « Je me demande pourquoi on ne condamne pas, sur le même principe, l'héritage chinois, islamique ou aztèque, produits par des mâles morts, respectivement jaunes, blancs ou "rouges" », *La Montée de l'insignifiance, Les Carrefours du labyrinthe 4*, Paris, Seuil, 1996, p. 235.

des œuvres américaines récentes traitant des cultures africaines, hispaniques, asiatiques et indiennes. L'exemple des *cultural studies*, qui s'est généralisé par la suite, a mis en évidence le changement de cap de la culture occidentale. Elle ne s'ouvre plus aux autres cultures, comme le faisait l'anthropologie, elle se perd en elles à partir d'une sorte de béance, ou de trou noir, qui n'émet plus aucun rayonnement. Allan Bloom, fidèle à la conception libérale de l'éducation, a ainsi montré à quel point la thèse américaine de l'*openess school*, qui prétendait ouvrir la culture à tous les comportements et à toutes les idéologies, est devenue la caricature de l'ouverture véritable : « Ce qui est annoncé comme une grande ouverture est en réalité une grande fermeture[3]. » Et l'âme européenne, qui était une âme ouverte, s'est refermée sur le vide de sa propre coquille.

La désappropriation de l'Europe

Les critiques adressées à l'Europe ne se limitent pas aux épisodes dramatiques dont on lui fait reproche, les guerres, les

3. A. Bloom, *The Closing of the American Mind*, préface de Saul Bellow, 1987 ; trad. fr. *L'Âme désarmée. Essai sur le déclin de la culture générale*, Paris, Julliard, 1987, p. 34.

colonisations et la Shoah, qui ont violé ses principes universalistes. Elles refusent d'admettre que l'Europe possède une identité exprimée par une culture propre qui la distinguerait radicalement des autres cultures. La stratégie utilisée est celle de la *désappropriation* de l'identité européenne là où Rémi Brague a reconnu au contraire en elle l'*appropriation* de l'étranger. L'Europe ne serait qu'un mot, et un mot peu approprié, pour désigner un continent qui ne possède rien d'original. Pierre Manent a relevé cette fascination des Européens pour leur effacement de la scène mondiale : « Nous n'avons pas d'existence *propre*, nous ne voulons pas, nous ne voulons d'aucune façon, qui serait nécessairement particulière, d'un être *propre*[4]. » Sous une apparence polémique, la question est bien d'ordre théorique et tombe sous le coup de ce qu'elle met en cause. Il s'agit en effet de nier que la culture européenne ait la *propriété* de l'universel dont elle se réclame, à moins de penser à un universel d'autant plus illusoire qu'il est vide. Non pas vide de contenus empiriques, ce qui est précisément le propre de l'abstraction, mais vide

4. P. Manent, *La Raison des nations*, Paris, Gallimard, 2006, p. 93. Souligné par l'auteur.

d'une forme qui lui appartiendrait et qui lui donnerait une permanence et un destin. Ce qui est récusé à travers l'Europe, considérée comme une aire de culture, c'est l'identité, cette catégorie logique du Même que Platon avait dégagée en la liant indissolublement à la catégorie de l'Autre. Les critiques sont sans appel : il n'y a jamais eu, dans le courant de l'histoire, d'identité culturelle de l'Europe bien qu'elle se soit continuellement affrontée à ses altérités. Qu'on la considère sous l'angle du mythe, de la religion, de la politique ou de la culture, l'Europe n'est qu'un mot creux et un concept vide. Ce qui équivaut à dire que l'Europe n'est *rien*.

On multiplie alors les dénégations, les invocations ou les incantations pour nous persuader que seule la *vacuité* identifie une Europe dénuée d'identité. Aux yeux d'Alain Badiou, l'Europe peut paraître comme un « agencement précaire de quelques conservatismes » ; mais en réalité, « ce n'est ni une catégorie possible de la politique, ni une catégorie nécessaire de la philosophie. L'Europe, par conséquent, vide ou évide la pensée[5] ». Cette image de la

5. Colloque de Strasbourg, *Géophilosophie de l'Europe. Penser l'Europe à ses frontières*, La Tour d'Aigues, Éditions de l'Aube, 1998, p. 68.

vacuité, en tant que privation de toute identité, est devenue récurrente chez les adversaires d'une culture qui prétendait détenir la propriété de l'universel. Jean-Luc Nancy se montre accablé, dans son essai sur *Être singulier pluriel*, par un « désenchantement » et un « désarroi » issus de la triple disparition de la « société », de la « socialité » et de la « vision socialiste », voire d'une cité privée de figure régulatrice. Il en résulte que l'Europe serait pour lui confrontée à un problème insoluble : « *Le problème est celui de sa place vide en tant que telle*[6] ». Denis Guénoun n'hésite pas à reconnaître en écho, dans ses *Hypothèses sur l'Europe*, que « *le vide de sa figure est son avenir positif*[7] ». Que la vacuité soit un avenir, on peut à la rigueur l'admettre surtout lorsqu'on pense au destin de certains ouvrages; mais qu'il soit positif est d'autant plus discutable qu'aucune démonstration ne vient étayer l'hypothèse. Quant au sociologue allemand Ulrich Beck, il est le plus radical dans l'analyse. Pour lui, l'Europe oscille entre la « vacuité substantielle » et l'« ouverture absolue »; il ne faut lui accorder aucune

6. J.-L. Nancy, *Être singulier pluriel*, Paris, Galilée, 1996, p. 159. Souligné par l'auteur.
7. D. Guénoun, *Hypothèses sur l'Europe. Un essai de philosophie*, Belfort, Circé, 2000, p. 363. Souligné par l'auteur.

plénitude pour que son acceptation des autres cultures soit totale[8]. L'Europe de demain ne s'appartiendra donc plus à elle-même et, dans la fonction utopique qu'on doit lui accorder, elle acceptera un cosmopolitisme de droit qui est commandé en fait par les altérités culturelles. Il va de soi que cet empire cosmopolite à venir, sur les ruines de l'universel qu'il a historiquement dégagé, ne possède aucune identité réelle puisqu'il est tissé de toutes les altérités possibles.

Il s'agit toujours de dissoudre le socle identitaire de l'Europe en la déracinant d'une origine qu'Husserl faisait remonter au commencement grec. Dans la lignée des thèses de Gianni Vattimo sur la pensée faible, l'économiste Christian Arnsperger défend ainsi l'idée d'une existence post-capitaliste fondée sur ce qu'il nomme l'« affaiblissement radical » de l'Europe, l'« affaiblissement radical » de l'Occident et l'« affaiblissement radical » de la Modernité qui leur interdiraient toute appartenance. Si l'Europe ne s'appartient plus, il faut admettre « *la dissolution de l'Europe philosophique grecque comme origine du point de vue premier sur l'universel*

8. U. Beck et E. Grande, *Pour un empire européen*, Paris, Flammarion, 2007.

en tant que valeur[9] ». Marc Crépon va plus loin encore dans la désappartenance, la désappropriation et la désidentification de l'Europe dans un ouvrage dont le titre est explicite : *Altérités de l'Europe.* Comme les autres critiques de la suprématie européenne, il part du postulat que l'identité d'une culture passe par la négation de ses altérités, comme si la négation était première par rapport à l'affirmation. L'auteur dénonce avec une assurance d'autant plus grande qu'elle n'est à aucun moment argumentée l'héritage de l'Europe qui serait une illusion au même titre que son identité. On nous martèle pendant des dizaines de pages que « l'Europe se fait *l'autre d'elle-même,* ou encore devient étrangère à elle-même[10] » sans jamais expliquer en quoi l'ouverture européenne aux autres cultures la rendrait nécessairement étrangère à soi. Lorsque je m'ouvre au texte de Marc Crépon avec d'autant plus d'empathie que l'auteur est estimable, même

---

9. C. Arnsperger, « L'Europe face aux valeurs "postmodernes" ; La logique du marché suffira-t-elle ? », *Europa Forum Philosophie. Enseignement, Teaching,* Unterricht, XVe Congrès International de l'AIPPH, 2001. Souligné par l'auteur.
10. M. Crépon, *Altérités de l'Europe,* Paris, Galilée, 2006, p. 117. Souligné par l'auteur.

si je ne souscris pas à sa thèse, je ne suis à aucun moment *l'autre de moi-même* au point de devenir étranger à mes propres pensées.

Sur le plan philosophique, puisqu'il s'agit en dernière instance de la dialectique du Même et de l'Autre présente dans tout échange, la reconnaissance de l'Autre implique, non pas la méconnaissance, mais la reconnaissance du Même. Pour que je puisse identifier quelqu'un d'autre, il faut bien que j'ai une identité propre, et cette identité ne se confond pas avec ce qu'elle identifie. Comme le reconnaissait récemment Régis Debray, « il faut être chez soi pour pouvoir accueillir l'autre[11] ». Lorsqu'un anthropologue identifie un indigène en étudiant les formes culturelles de son intégration dans une tribu, il ne s'évide pas au point de perdre son identité pour respecter l'identité de l'indigène. Sur le plan des cultures, les *altérités* de l'Europe, qui ont été bien réelles dans des aires de civilisation différentes, n'altèrent en rien l'*identité* de l'Europe. Bien au contraire, ils la renforcent puisque la raison européenne s'est toujours identifiée à son ouverture vers l'universel. Comme nul

11. R. Debray, à propos de son ouvrage *Éloge des frontières*, Paris, Gallimard, 2010, dans l'émission de F. Taddéi sur France 3, *Ce soir ou jamais* (29 novembre 2010).

ne peut échapper à la logique de l'identité, laquelle identifie le raisonnement qui la nie, on se voue à un flot d'incantations contradictoires sur le « "devenir étranger à soi" [qui] n'est pas une aliénation », « le principe européen qui ne s'identifie pas à l'Europe », ou sur « l'identité de l'Europe comme identité impossible » qui conduit à conclure que « l'Europe n'est pas l'Europe[12] ». Et comme il faut bien *ouvrir* la voie, en bon Européen, à ce que serait l'identité d'une Europe sans identité, on joue sur les utopies de l'impossible possibilité de sa culture. Nous ne sommes pas loin du couteau sans lame de Lichtenberg auquel il manque le manche[13]. Marc Crépon, pourtant, ne se dérobe pas et parie sur l'espérance et la responsabilité de la culture : « Il doit être possible de montrer que l'identité de l'Europe, comme identité impossible, est précisément l'objet de l'une et de l'autre[14]. » Mais on ne nous montre rien sinon le jeu interminable

12. M. Crépon, *Altérités de l'Europe, op. cit.*, p. 71, 117, 143, 186, 193, etc.
13. Lichtenberg, *Le couteau sans lame et autres textes satiriques*, édité et traduit de l'allemand par Charles Le Blanc, Paris, Corti, 1999, p. 54.
14. M. Crépon, *Altérités de l'Europe, op. cit.*, p. 193.

du possible et de l'impossible qui tourne autour du même enjeu : l'épuisement réel de l'idée d'Europe. « Nous ne pouvons plus souscrire aux concepts d'*identité*, de *culture* et même d'*esprit* (d'identité culturelle et/ou spirituelle) qu'impliquaient, de façon plus ou moins explicite, ces idées de l'Europe ou sur l'Europe[15]. »

Cette impuissance à conjuguer la possibilité de l'impossible, qui est davantage le signe de la contradiction que celui du refus de l'identité, est d'autant plus singulière qu'elle ne concerne que l'Europe. Les autres peuples auraient droit à une identité qu'il convient de respecter, mais l'Europe n'aurait pas plus droit à une identité qu'à un respect désormais sans objet puisqu'il n'y a rien à respecter. Et si l'on ose suggérer qu'il y a tout de même une identité implicite de l'Europe, même si elle est difficile à cerner, on s'entend dire que cette identité est une identité meurtrière. Les critiques de l'identité se réfèrent souvent à Lévi-Strauss pour souligner la relativité des cultures et le danger de souscrire à une identité exclusive qui serait celle de l'Europe. Et il est vrai que l'anthropologue notait d'emblée, dans son séminaire sur *L'identité* du Collège de

15. M. Crépon, *Altérités de l'Europe, op. cit.*, p. 191. Souligné par l'auteur.

France, que l'usage théorique de la notion d'identité doit commencer par « une critique de cette notion[16] ». Empruntée à la logique et aux mathématiques, l'identité marque en effet la relation d'égalité entre deux objets de pensée qui est vraie quelles que soient les variables choisies. C'est le cas des identités remarquables comme $(a + b)^2 = a^2 + 2ab + b^2$, toujours vraie quels que soient a et b, ou, plus simplement, de l'égalité $a = a$, toujours vraie quel que soit a. L'identité d'un être implique ainsi l'indiscernabilité de cet être par rapport à lui-même.

En ce sens, l'identité concerne les entités abstraites de la logique et de la mathématique, éternellement unies à elles-mêmes comme les idées platoniciennes, et non les êtres humains et leurs cultures qui sont soumises au temps. Il reste, pourtant, que chaque individu sait ce qu'il entend par l'identité de sa personne, par l'identité de sa langue et par l'identité de sa culture. Supprimer le mot ne serait pas supprimer la chose, car, bien que les hommes évoluent de leur naissance à leur mort, et il en est de même des civilisations, ils sont destinés à faire usage de leurs *identités vitales* qui sont premières par rapport aux *identités*

16. C. Lévi-Strauss, *L'Identité* (1974-1975), Paris, PUF, 1983, p. 331.

meurtrières. Aussi Lévi-Strauss convenait-il, en dépit de sa prudence méthodologique, que « l'identité est une sorte de foyer virtuel auquel il nous est indispensable de nous référer pour expliquer un certain nombre de choses[17] ».

Cette virtualité est une construction intellectuelle, c'est-à-dire le résultat d'un processus d'abstraction à partir d'expériences existentielles convergentes, et non une donnée ontologique bouclée sur elle-même. J'ai insisté dans les pages qui précèdent sur l'identité *ouverte* de l'Europe qui marque son entrée dans l'histoire et, par là, son évolution progressive dans le temps. S'il est évident qu'aucune identité humaine, qu'elle soit personnelle ou culturelle, n'est figée dans son essence comme un fossile dans sa roche, il est encore plus évident que l'identité culturelle de l'Europe s'est appréhendée comme un procès d'identification qui l'a confrontée à d'autres cultures. Si l'Europe est identique à elle-même, ce n'est pas parce qu'elle s'est perdue dans ses altérités, c'est-à-dire dans d'autres identités. C'est parce qu'elle a été la seule culture à obéir au mouvement qui la poussait à s'enquérir des autres cultures. Comme l'écrit encore Rémi Brague en considérant

17. C. Lévi-Strauss, *L'Identité, op. cit.*, p. 332.

la secondarité culturelle de l'Europe par rapport à Rome, celle de Rome par rapport à la Grèce et celle du christianisme par rapport au judaïsme, « ce n'est que par le détour de l'antérieur et de l'étranger que l'Européen accède à ce qui lui est propre[18] ».

La perversion de l'ouverture

Si l'Europe n'a aucune identité pour ses contempteurs, serait-elle virtuelle, c'est parce que l'ouverture dont elle s'est réclamée s'est élargie à l'échelle d'une béance anthropologique, biologique et bientôt ontologique. L'accès aux autres cultures, que les anthropologues occidentaux avaient conceptualisé et justifié, souvent en critiquant l'hégémonie de leur tradition, a été déformé par la dilatation du multiculturalisme. Cette nouvelle idéologie, très répandue dans les pays anglo-saxons, en particulier aux États-Unis et au Canada, ne se limite pas à la reconnaissance des autres cultures que l'Europe a été seule à pratiquer. Elle va plus loin que la coexistence pacifique des diverses façons de vivre dans nos sociétés, qu'elles soient d'ordre ethnique, culturel ou religieux. Elle implique de

18. R. Brague, *Europe, la voie romaine, op. cit.*, Critérion, p. 119; Gallimard, p. 172.

donner aux cultures minoritaires un statut égal à la culture dominante, dans le monde occidental, à l'aide de programmes adaptés à leurs revendications. On augmente la présence des minorités visibles, c'est-à-dire raciales, dans les institutions et dans les médias ; on transforme les programmes scolaires pour souligner la contribution des autres cultures au patrimoine humain ; on pratique dans les écoles et dans les entreprises des horaires flexibles en fonction des impératifs religieux ; on interdit l'expression de stéréotypes culturels et raciaux dans les moyens d'information ; on développe les festivals et les manifestations en faveur des études ethniques, etc. Rien, dans toutes ces mesures, ne met en cause la tradition culturelle de l'Europe qui, en dépit ou à cause de la colonisation, s'est toujours intéressée à l'autre et l'a reconnu comme autre au sein de sa propre culture. Ce que l'on qualifie aujourd'hui de « droit à la différence », une expression malheureuse qui n'est que le droit d'un peuple à son identité, relève bien de la reconnaissance de l'universalité du genre humain.

Là où le multiculturalisme, ou le pluriethnisme qui en est la forme agressive, devient un problème, c'est lorsque les groupes minoritaires se séparent de la culture des pays occidentaux dont ils sont les citoyens au même titre que les autres citoyens. Ils se réfèrent alors à d'autres modes de vie ethniques et religieux pour en justifier la pratique même si celle-ci transgresse les lois et les coutumes des pays concernés. Je pense au port de la burqa, à l'excision, à la polygamie ou à la lapidation. Leurs exigences seront d'autant plus radicales que ces groupes, en faisant fond sur les souffrances de leurs ancêtres, s'estiment victimes du monde occidental qui aurait bridé leurs cultures dans l'histoire. Comme l'a établi Pierre-André Taguieff[19], on voit alors apparaître, sur les ruines du *melting pot* américain, un puzzle confus de communautés métaphorisées en *ethnic mosaic, ethnic tapestry* ou *salad bowl*, et identifiées par des critères d'ethnicité, de race, de genre ou de religion, qui exigent des avantages particuliers au détriment de ce qui était la fin de la politique : la recherche du bien commun. Cette attitude revendicative est d'autant plus encouragée par les milieux intellectuels, universitaires et politiques occidentaux qu'elle répond, sur le plan moral, à la mauvaise conscience des Européens depuis la décolonisation, et sur le plan théorique, à l'idéal d'égalité que

19. P.-A. Taguieff, *République enlisée. Pluralisme, communautarisme et citoyenneté*, Paris, Éditions des Syrtes, 2005.

l'Europe a proclamé sur le plan philosophique et sur le plan religieux.

Ce qui se trouve corrompu, dans l'idéologie multiculturaliste qui est une déviation occidentale, c'est l'idée d'ouverture dont font paradoxalement état les cultures qui ne l'ont pas pratiquée. Elles demandent toujours plus d'accès, non pas à l'universel, qui a été historiquement acquis par la science, le droit et la politique, mais à leurs particularités en fragmentant à l'infini l'universalité et même l'égalité dans leurs revendications d'*affirmative action* ou de *discrimination positive*. Une telle fragmentation, ou une telle ouverture sur de nouveaux droits, est relayée par un certain nombre de théoriciens radicaux qui ne mettent pas seulement en cause l'homme blanc, européen et mort, de préférence, mais l'idée même d'« homme » qui serait une illusion anthropocentrique. La critique de l'humanisme européen, implicite dans le courant multiculturaliste, entraîne la critique de l'homme universel, précisément celui dont la figure avait été tracée par la philosophie, la religion, la peinture, le roman, la poésie et le droit, et qui serait une construction factice élaborée à leur avantage par les Européens.

Le même schéma égalitaire qui commande le multiculturalisme s'ouvre alors largement sur le multinaturalisme.

Certains écologistes radicaux se sont engouffrés dans la brèche européenne vers l'homme universel, ce qu'Alberti appelait la « fenêtre ouverte » du tableau, pour faire exploser, avec la fenêtre, les murs eux-mêmes dans laquelle elle s'ouvrait. Les Européens auraient eu tort de penser que l'être humain est la fin de l'évolution et, à ce titre, un être supérieur à tous les autres êtres. Après avoir dénoncé l'illusion européocentrique, il faudrait donc dénoncer l'illusion anthropocentrique qui lui est liée et affirmer que les vies non humaines, l'animal, l'arbre et la fleur, sont à égalité de valeur avec les vies humaines. Il ne s'agit pas de divagations mentales de quelques écologistes exaltés. La Charte mondiale de la nature, proclamée par l'ONU le 28 octobre 1982 à l'occasion de la résolution 37/7 de son Assemblée générale, mettait formellement à égalité, sous prétexte de la protection nécessaire de la nature, la vie de l'homme et les autres formes de vie. « Toute forme de vie est unique et mérite le respect, quelle que soit son utilité pour l'homme et, afin de reconnaître aux autres organismes vivants cette valeur intrinsèque, l'homme doit se guider sur un code moral d'action. »

La notion centrale de respect appelée par celle de dignité humaine, que la pensée européenne avait mis plusieurs siècles à dégager, de Pic de la Mirandole à Kant, était dévolue à tout être raisonnable. Elle se voit maintenant étendue aux êtres déraisonnables, comme le rat, l'ornithorynque ou le phacochère, mais aussi le poux et la paramécie, et, pourquoi pas, les virus ou n'importe quel assemblage de protéines puisque les « organismes vivants » dont parle l'ONU sont désormais protégés par son code moral. Pour Kant, le respect était dû aux personnes, en tant qu'agents rationnels, et non pas aux animaux et aux choses. Certes, les animaux et les choses nous incitent à avoir de l'inclination à leur égard, comme une collection de timbres ou une automobile, et même de l'amour, comme les chiens, les chats ou les chevaux. Ils peuvent nous inspirer aussi de la crainte, comme un lion dévorant sa proie ou un volcan en éruption, mais jamais, dans le sens moral de ce terme, de respect. Si tout devient digne de respect dans le monde, rien ne le sera puisque, la hiérarchie entre les espèces abolies, tout se vaudra dans la même indifférence.

L'égalitarisme anthropocentrique – toutes les formes de cultures sont égales – en vient à se dévoyer en un égalitarisme biocentrique – toutes les formes de vie sont égales – et bientôt en un égalitarisme ontocentrique : toutes les formes d'être sont égales. Je rappellerai, parmi d'autres extravagances, que si une Anglaise a pu épouser un arbre de son jardin, je dis bien un *arbre*, avec la bénédiction de son Église, un Japonais, connu sous le pseudonyme de Sal900, a épousé un personnage *virtuel* du jeu de simulation « *Love Plus* » sur console Nintendo. Quant à Hermione, une jeune Anglaise de 24 ans, elle a tenté sans succès de se marier avec son ordinateur MacBook nommé Alex. Sur la vidéo que diffuse Internet, l'ordinateur séduit son épouse virtuelle avec la caresse numérique de ses « *I love you* », tandis que la jeune femme lui répond par des paroles tout aussi tendres. On apprend avec plaisir que leur échange de vœux a eu lieu officiellement le 31 janvier 2010[20].

Lorsqu'on ouvre les vannes de l'altérité, afin de lui reconnaître des droits égaux aux droits de l'identité, on s'expose non seulement au ridicule, mais à l'impuissance. Il est évident, même pour un aveugle, que l'on ne peut élargir à l'infini les droits de l'homme. Posés d'emblée comme universels, ils ne sont pas susceptibles de s'ouvrir outre mesure aux animaux, aux plantes, aux pierres et aux objets matériels ou virtuels. Les tentatives d'élargir l'universel humain à un universel inhumain

20. « Un mariage avec un MacBook ? » *Le Journal du Geek*, Internet, 3 février 2010.

reviennent à refermer l'universalité sur des fragments de particularités réelles ou imaginaires. Le procédé fait boule de neige. À chasser l'Européen de sa position ethnocentrique, on chasse l'homme de sa position anthropocentrique, bientôt l'être vivant de sa position biocentrique, pour aboutir à l'être minéral dans une position géocentrique ou l'être matériel dans une position mériocentrique. Pour être clair sur cette exigence, le *caillou* aurait des droits à faire valoir aux hommes du fait, sans doute, de l'innocence dont le paraît Hegel. C'est à une telle extrémité que se portait déjà Malevitch quand, dans *Le monde sans objets*, il proposait de supprimer l'œuvre d'art qui meurtrit la matière : « Michel-Ange, en sculptant David, a fait violence au marbre, a *mutilé* un morceau de pierre magnifique [...] Le marbre gâché était *souillé* dès le début par la pensée de Michel-Ange sur David[21]. » Si le sculpteur florentin n'avait pas droit au respect du peintre russe, c'est qu'il n'avait pas respecté l'intégrité de la pierre en lui imposant le ciseau de l'être humain.

Tout n'est pas digne d'être estimé dans le monde : il y a des êtres qui ne sont pas et

21. C. Malevitch, *Écrits I. De Cézanne au suprématisme* (1927), Lausanne, L'Âge d'Homme, 1974, p. 43. Souligné par l'auteur.

ne seront jamais estimables, comme l'avait bien vu Molière pour qui « c'est n'estimer rien qu'estimer tout le monde[22] ». Les idées elles-mêmes ne sont pas, en tant que constructions intellectuelles, dignes d'estime ou de respect. Car un homme peut être respectable, en tant qu'homme, sans que les idées qu'il défend, en tant qu'idées, le soient. Une véritable politique de reconnaissance, pour suivre l'essai du philosophe canadien Charles Taylor, doit viser « un *potentiel humain universel* » qui est la source abstraite de tout respect concret[23]. Quand on compare les cultures, et l'on ne peut éviter de les comparer en louant certaines et en critiquant d'autres, on s'appuie sur des normes qui sont tributaires du potentiel humain qu'elles représentent. Or, toutes ne sont pas également riches en humanité. C'est sur ce point précis que je serais en désaccord avec Charles Taylor lorsqu'il avance abruptement, sans justifier sa proposition, que « nous devons un égal respect à toutes les cultures[24] ». C'est trop demander à

22. Molière, *Le Misanthrope*, I, 1.
23. C. Taylor, « Pour une politique de reconnaissance » (1992), *Multiculturalisme. Différence et démocratie*, Paris, Champs-Flammarion, 1994. Souligné par l'auteur.
24. C. Taylor, *Multiculturalisme*, *op. cit.*, p. 90.

l'humanité. Il y a des cultures, prises dans le sens des modes de vie et des systèmes de valeurs d'une société, qui ne sont pas respectables et qui doivent être dénoncées; c'est ce dont ne se privent d'ailleurs pas les adversaires de la culture européenne. Lorsque Lévi-Strauss parlait de la barbarie meurtrière des Aztèques, il ne jugeait pas ce peuple respectable. Lorsqu'une culture non européenne juge bon de lapider les femmes adultères, ou qu'une culture européenne trouve juste d'assassiner un peuple de sous-hommes, nous ne les jugeons pas respectables. Et le sentiment moral de l'homme confirme immédiatement son jugement rationnel.

En revanche Taylor a raison de soutenir que, d'une culture à l'autre, « l'exigence de reconnaissance égale est inacceptable »; si nous l'acceptons cependant, par indifférence ou par faiblesse, nous sombrons dans « les abîmes de l'ethnocentrisme[25] ». Car s'il est juste, au moyen de nos principes d'humanité, d'aborder en fait la connaissance des autres cultures, il ne l'est pas d'exiger en droit leur égalité de principe. Certains aspects de ce que l'on présente comme le fruit de la diversité culturelle ne sont pas des objets de

25. C. Taylor, *Multiculturalisme, op. cit.*, p. 96-97.

respect souhaitables bien qu'ils soient des objets d'étude indispensables. Le racisme et l'antisémitisme ont été, et restent encore, des traits culturels qui définissent des peuples ou des groupes entiers. On ne saurait tirer de cette constatation, sous le prétexte d'une égale dignité des cultures, que l'exclusion de l'autre homme ait quelque chose de commun avec l'inclusion de ce même homme dans l'universel.

Le ressentiment contre la civilisation

C'est pourtant ce que font les critiques de l'Europe après avoir inversé les rôles. L'exclusion de l'Autre, celui qui n'est pas civilisé, que l'on a imputé à l'homme européen, se retourne en exclusion de l'homme européen, celui qui n'est pas sauvage, que l'on accorde à l'Autre. Et l'Autre va effeuiller ses masques à l'infini en exigeant pour chaque nouvelle altérité des droits spécifiques : le sauvage, le barbare, l'étranger, la femme, l'enfant, l'homosexuel, le transsexuel, le transgenre, le colonisé, l'Hispanique, l'Asiatique, l'Africain, l'Aborigène, l'Inuit, etc. En insistant sur les différences de comportements des groupes sociaux, quel que soit l'usage qu'ils en font, on occulte l'idée que les êtres humains sont sujets de droit par leur seule appartenance à l'humanité. Mais, on porte le fer de l'altérité au cœur de l'identité pour ébranler encore davantage la culture occidentale dominante. Ce que l'on reproche au fond à l'Europe des derniers siècles, c'est son extraordinaire réussite dans tous les domaines, qu'il s'agisse de la science, de la technique, de la démocratie politique et du droit international, et, finalement, dans la constitution du modèle rationnel d'un sujet porteur de droits. Et c'est précisément à partir de ce modèle, dont on nie la légitimité, que l'on accuse l'hégémonie de l'homme européen : il aurait imposé, par la force ou par la persuasion, ses catégories aux autres cultures. Qu'on en convienne ou non, le fond des critiques que l'on adresse à l'Europe provient d'une incompréhension devant le miracle de son épanouissement, ce miracle européen dérivé du miracle grec dont parlait Renan. Et l'incompréhension fait toujours le lit du ressentiment, que ce soit sous le ciel européen ou sous d'autres cieux.

Nietzsche a dessiné de façon magistrale les traits de l'homme du ressentiment. Ce sont toujours des traits amers de culture. Dans *La généalogie de la morale*, l'auteur montre que l'homme du ressentiment est un être souffrant dont la véritable réaction, celle de la création, est interdite et qui se console de son impuissance à l'aide d'une vengeance imaginaire. Comme certains hommes, ou certaines sociétés, ne parviennent pas à maîtriser leur mode de vie à la différence d'autres hommes ou d'autres sociétés, ils reprochent à leurs ennemis, non seulement leurs succès, mais leur existence même, et s'attribuent, au fil de cette critique, une supériorité morale qui leur permet de les condamner. L'implication du ressentiment est toujours la même : « Ils sont méchants, donc nous sommes bons. » Appliquée à l'Europe, soit par des non-Européens, soit par des Européens, la formule devient : « L'impérialisme européen est mauvais, donc notre critique est bonne. » Elle sera d'autant meilleure que nous sommes des Européens et que nous montrons ainsi aux autres, comme à nous-mêmes, que nous pouvons nous décentrer de notre culture. La détestation de soi devient paradoxalement la marque du contentement de soi, et la mauvaise conscience la preuve de la bonne conscience, dans l'oubli que ce décentrement a été la découverte de l'Europe.

Aussi a-t-on assisté, au XXe siècle, à un déluge de critiques européennes et occidentales contre tout ce qui avait fait l'Europe et l'Occident. C'est moins son hégémonie mondiale, avec ses applications malheureuses, que ses principes universels qui font l'objet d'une aversion absolue. Les critiques ne peuvent admettre qu'une civilisation particulière ait pu avoir un accès privilégié à l'universel, dans l'ordre de la connaissance et celui de l'action, au détriment des autres civilisations. On occulte le fait que l'Europe a construit son modèle pour l'appliquer à l'ensemble de l'humanité, donc aux autres peuples qu'elle découvrait à mesure de ses explorations, en restant critique à son propre égard. Ce sont les penseurs européens, et non les peuples colonisés, qui ont souligné le paradoxe d'une civilisation *singulière* qui a inventé un mode de pensée *universel* et qui en a offert les fruits à ceux qui ne le connaissaient pas. Si le ressentiment des colonisés peut se comprendre, car ils ont sacrifié une part de leurs traditions pour accéder à la modernité, il est néanmoins équivoque dans la mesure où rien ne garantit que les modes de vie de leurs ancêtres étaient meilleurs que les modes de vie du colonisateur. L'esclavage, les guerres et les sacrifices humains existaient *aussi* en dehors de l'Occident. En outre, ils ne peuvent critiquer le colonisateur, c'est-à-dire l'humanité européenne, qu'en lui empruntant ses outils intellectuels dont le seul usage établit sa supériorité sur les outils antérieurs. Sans cette fécondité opératoire, ceux-ci n'auraient pas été chassés par ceux-là. Quant au ressentiment des descendants des colonisateurs, il est d'autant plus trouble qu'il utilise à son tour le mode de pensée décentré de la culture européenne pour la mettre en cause et avouer par là leur contradiction.

Les assauts les plus violents ont été portés par des intellectuels européens et américains qui ont, pour les plus virulents, rejeté la totalité de leur culture. René Char reconnaissait déjà en 1943, dans *Feuillets d'Hypnos*, que « notre héritage n'est précédé d'aucun testament » ; plus d'un demi-siècle après, à lire certains textes, je serais tenté d'ajouter que notre héritage n'est réclamé par aucun héritier. Un épistémologue comme Paul Feyerabend n'a pas hésité ainsi à revêtir les habits du procureur en requérant contre la religion, la philosophie et la science européennes dans un procès tout en nuances : « Platon, le Christ, Kant, Marx et Luther peuvent être comptés parmi les plus grands criminels de l'histoire[26]. » La virulence du propos est à la mesure, ou à la démesure, de la vacuité du dossier. De son côté la romancière américaine Susan Sontag a joué de la provocation la plus brutale pour destituer les fondements de la culture de l'Europe sans donner les raisons de son exécration.

26. P. Feyerabend, *Erkenntnis für freie Menschen*, Suhrkamp, Francfort-sur-le-Main, 1980, note 46, p. 78.

« La vérité est que Mozart, Pascal, l'algèbre de Boole, Shakespeare, le régime parlementaire, les églises baroques, Newton, l'émancipation des femmes, Kant, Marx, les ballets de Balanchine, etc., ne rachètent pas ce que cette civilisation particulière a déversé sur le monde. La race blanche *est* le cancer de l'humanité. C'est la race blanche et elle seule – ses idéologies et ses inventions – qui éradique les civilisations autonomes partout où elle s'étend, qui a bouleversé l'équilibre écologique de la planète, et qui menace maintenant l'existence de la vie elle-même[27]. » On voit que Susan Sontag, une femme d'origine juive atteinte d'un cancer, poussait le ressentiment jusqu'à utiliser un argument raciste pour *identifier* sa propre race à la maladie mortelle – elle souligne le *est* dans la phrase en cause – qui allait emporter sa commune humanité.

Par contraste, le prix Nobel de littérature Octavio Paz, dont le grand-père avait été l'un des fondateurs du mouvement indigéniste au Mexique, avait pris ses distances à l'égard des critiques qui accablaient l'Occident. Dans son *Labyrinthe de la solitude*, il refusait d'interpréter la

---

27. S. Sontag, « What's Happening in America », *Partisan Review*, hiver 1967, vol. 34, p. 57.

conquête européenne du Nouveau Monde comme l'agression du christianisme contre les cultures indiennes. Il allait encore plus loin dans le *Memento* publié en mémoire de Sartre, quand il s'interrogeait sur la perversion de l'esprit des intellectuels occidentaux. Il rappelait à ses compatriotes mexicains et sud-américains qu'ils avaient été élevés dans l'héritage du christianisme et des Lumières et que, sans le recours à cette tradition vivante, « nos sociétés cesseraient d'être en dialogue avec elles-mêmes sans quoi il n'y a pas de véritable civilisation[28] ». Quand il envisageait l'appel sartrien au meurtre des colons – « il faut tuer : abattre un Européen c'est faire d'une pierre deux coups, supprimer en même temps un oppresseur et un opprimé : restent un homme mort et un homme libre[29] » – qui répondait à la demande de Frantz Fanon : « pour le colonisé, la vie ne peut surgir que du cadavre en décomposition du colon » –, c'était pour regretter sa « haine du monde et de lui-même » renforcée par un « masochisme moralisateur ». Il y a bien, en effet, un masochisme

---

28. O. Paz, « Memento », *Rite et pénitence, Art et histoire*, Paris, Gallimard, 1983, p. 93.
29. J.-P. Sartre, Préface de 1961 aux *Damnés de la terre* de Frantz Fanon, Paris, La Découverte, 2002, p. 29.

intellectuel qui pousse le rejet de l'homme européen jusqu'à sa mort physique, sans voir, telle a été la « myopie historique » de Sartre pour Paz, que cette mort signe en même temps la mort morale de celui qui l'annonce[30].

Un autre penseur, dans la tradition de l'Europe orientale et non dans celle de l'Amérique espagnole, s'est montré plus ferme encore dans sa critique de la pénitence occidentale. Leszek Kolakowski, sans doute le plus grand philosophe polonais, n'a pas hésité à mettre en cause dans *Le Village introuvable* « la mentalité suicidaire » et la « frénésie destructrice » avec laquelle les Européens abattent des pans entiers de leur culture sous le prétexte dévoyé d'un universalisme ouvert[31]. Il cernait l'originalité culturelle de l'Europe dans l'affranchissement de toutes les

30. O. Paz, « Memento », *Rite et pénitence, Art et histoire, op. cit.*, p. 93 et p. 98.

31. L. Kolakowski, *Le Village introuvable*, Bruxelles, Complexe, 1986, p. 102. Je suis ici redevable aux belles analyses de Jacques Dewitte, dans *L'Exception européenne*, Paris, Michalon, 2008. L'auteur, qui est le traducteur de Kolakowski, met en lumière les contradictions des critiques de l'Europe et des adeptes du relativisme pour qui toutes les cultures sont égales du seul fait qu'elle sont des cultures.

barrières et dans la sortie de la clôture ethnocentrique. L'asymétrie de la culture européenne vis-à-vis des autres cultures, qui leur interdit de se réclamer d'une égalité de droit, tient en effet à ce fait décisif : la fidélité de l'Europe envers son aspiration à l'universel qui l'a conduite à s'intéresser à l'étrangeté des autres alors que les autres ne se sont pas intéressés à l'étrangeté de l'Europe. Pour l'auteur, l'universalisme de l'Europe s'opposait à l'exclusivisme des autres cultures qui, de façon contradictoire, lui reprochent de les exclure de son champ d'opération.

On se plaint, d'un côté, que l'Europe ait été ethnocentrique et logocentrique, c'est-à-dire refermée sur son peuple et sur son discours, mais on lui reproche, d'un autre côté, d'avoir imposé sa culture aux sociétés qu'elle avait découvertes, colonisées et étudiées. On en revient toujours à l'équivocité du discours de l'anthropologue européen quand il excentre son regard au point de critiquer son intention d'ouvrir les yeux sur le monde. L'anthropologue, je l'ai montré avec l'exemple de Lévi-Strauss, « peut suspendre ses jugements, mais cet acte même de suspension a des racines culturelles : c'est un acte de renoncement qui n'est faisable qu'à l'intérieur d'une culture spécifique qui l'a rendu possible, d'une culture qui s'est montrée capable de cet effort pour comprendre l'autre parce qu'elle avait su se mettre elle-même en question[32]. » Cette culture de l'excentration et de la suspension est le trait original de l'Europe. Aussi Kolakowski allait-il jusqu'à proclamer la « supériorité » de l'Europe moins par son hégémonie sur les autres peuples que par sa capacité à interroger ses propres normes et leur application à la réalité historique. On pourrait parler, en ce sens, d'une *supériorité critique*, de forme négative, plutôt que d'une *supériorité ontologique*, de forme positive, dans la mesure où la différence entre la culture européenne et les autres cultures tient à son regard sceptique et éloigné qui tient les autres, comme elle-même, à une distance *respectable*.

Quand Cornelius Castoriadis envisageait le rapport des cultures, il insistait à son tour sur la singularité de l'Occident qui lui a permis d'imposer son regard aux autres sociétés. Elle a été la seule culture à se mettre en question jusqu'à nier paradoxalement son identité. Aussi le reproche qui lui est adressé d'avoir été fauteuse de guerre et de destructions coloniales est-il nul et non avenu. Si l'Occident a accumulé les horreurs contre les autres peuples, et parfois contre ses propres peuples,

32. L. Kolakowski, *Le Village introuvable*, *op. cit.*, p. 107.

ce n'est pas son privilège puisqu'il partage cette violence endémique avec les autres civilisations. Mais la pratique de la critique et de l'autocritique change le point de vue moral. On n'a jamais vu les descendants des Aztèques, des Hindous, des Arabes ou des Turcs, qui ont dominé et soumis des peuples entiers, faire un acte d'autocritique et, plus encore, de contrition. « Il n'y a que l'Occident qui a créé cette capacité de contestation interne, de mise en cause de ses propres institutions et de ses propres idées au nom d'une discussion raisonnable entre êtres humains qui reste indéfiniment ouverte et ne connaît pas de dogme ultime[33]. » Aussi Castoriadis, même s'il se refusait à parler d'une supériorité européenne, reconnaissait-il cependant que, dans l'ordre moral, l'humanité occidentale a été la plus avancée.

La déconstruction de la raison

La culture européenne a poussé la volonté de *s'ouvrir* jusqu'au risque de *se découvrir* et ainsi de se mettre à nu. Je prends le verbe « découvrir » dans le sens transitif de mettre au jour ce qui était jusqu'alors inconnu, mais aussi dans le sens pronominal de

33. C. Castoriadis, *La Montée de l'insignifiance*, *op. cit.*, p. 111.

perdre sa protection et de s'exposer à un danger. Et le danger, quand une culture se découvre trop, c'est de se laisser occuper par ce qui n'est pas elle. C'est d'ailleurs l'argument que les critiques de l'Europe utilisent pour condamner ses *découvertes* des autres cultures. Elles ont en effet été occupées, et occultées, par la culture dominante sans pouvoir revivifier leurs traditions. Mais, le risque de la découverte a été tout aussi grand pour la culture européenne elle-même. À force de s'ouvrir aux autres, et donc de découvrir ses limites sans se ressourcer en soi, elle a perdu ses défenses naturelles. Elle s'est laissé à son tour gagner par les sentiments d'hostilité des peuples colonisés et, plus encore, par un ressentiment qu'elle a intégré dans sa conscience malheureuse. Quand une culture s'expose sans la moindre protection, enivrée par les succès qui relèvent de ses découvertes, c'est-à-dire du débordement sans frein de ses ouvertures, elle n'a plus le choix que d'incorporer en retour les autres cultures sous forme de curiosité ou sous forme de remords. Lévi-Strauss n'avait pas tort de parler d'expiation pour justifier l'existence de l'anthropologie occidentale.

Le désaveu de l'Europe peut prendre une forme plus extrême, pour ne pas dire plus nihiliste, que celles de la désappropriation de sa culture, de l'ouverture indéfinie de son champ d'application ou du ressentiment contre son hégémonie. Il peut affecter, et il ne se prive pas de le faire, ce qui a été la raison d'être de la pensée européenne depuis la Grèce, c'est-à-dire son mode de connaissance et d'action. Il ne s'agit plus de critiquer l'expansion impériale de l'Europe, la suprématie de sa culture, les crimes de la colonisation, ou encore son arrogance et son mépris. Tout ceci n'est qu'écume à la surface de l'océan. Il s'agit de plonger plus profondément dans le mouvement qui anime l'Europe et la conduit hors d'elle-même pour en montrer l'inanité et, plus encore, l'inexistence. On cherche maintenant à établir, en portant le fer de la raison contre la raison elle-même, qu'elle est incapable de construire les systèmes dont elle se réclame et qu'elle ne peut donc, faute de mieux, que se déconstruire.

Dans une lettre à Voltaire du 23 janvier 1757, d'Alembert affirmait que « la raison finira par avoir raison ». La déconstruction de la raison ne soutient pas qu'elle finira par avoir tort, mais qu'elle n'a *ni* raison *ni* tort dans la mesure où cette raison, loin d'être un fondement, n'est que l'effet passager, incertain et contradictoire, d'une série de forces inconscientes qui oscillent de çà de là sans jamais se fixer en un principe assuré. La raison des déconstructeurs, qui n'ont aucune « raison » de la déconstruire si la raison n'est qu'un simulacre, n'est plus le *fundamentum inconcussum veritatis*, le « fondement inébranlable de la vérité » sur lequel Descartes faisait reposer la science et la conscience de l'homme. Elle est, à tout moment, pour autant qu'elle *soit*, son propre désaveu, quoi qu'elle avoue ou qu'elle désavoue, parce qu'il lui est impossible de trouver un point fixe en elle-même.

Une telle critique, non seulement n'est pas nouvelle en fait, mais appartient de droit à la raison européenne. Pascal l'avait établi dans cette sentence paradoxale : « Il n'y a rien de si conforme à la raison que ce désaveu de la raison. » Mais, il ajoutait aussitôt : « Deux excès : exclure la raison, n'admettre que la raison[34]. » Si l'admission de la raison a commandé ses succès dans la science et la technique occidentales, tout en justifiant ses avancées dans la politique et la morale, son exclusion marque son échec dans le désaveu qu'elle s'est imposée. La raison européenne, qu'elle soit *logos* ou *ratio*, a en effet toujours été doublée d'une déraison constitutive, ou d'une ombre qui suivait sa propre lumière. Je pense au procès de la *misologie*, cette

34. Pascal, *Pensées*, Brunschvicg 272-253, Lafuma 182-183, Le Guern 171-172.

haine de la raison que Platon rapprochait de la *misanthropie*, cette haine parallèle de l'homme. Le misanthrope est celui qui, après avoir mis son entière confiance en un autre homme, s'aperçoit qu'il a été trompé par sa déloyauté au point de haïr maintenant toute l'humanité. Le misologue est celui qui, après avoir accordé la même confiance à un argument rationnel, prend conscience que d'autres arguments sont aussi faux que vrais, au point de haïr désormais toute la rationalité. L'analyse platonicienne de la misologie dévoile ainsi les ressorts de la déconstruction de la raison. Elle souligne que ceux qui excluent le *logos*, à la suite d'échecs qu'ils imputent à la raison, mais non à eux-mêmes, justifient son exclusion parce que rien n'est stable dans le fil des raisonnements comme dans le cours des choses. Tous se mélangent au contraire, écrit Platon, dans « un courant qui les tourne et retourne, tantôt montant, tantôt descendant, qui ne leur laisse en aucun point aucun moment de repos[35] ».

Telle est bien la position des déconstructeurs contemporains qui, dans leur rejet de la raison universelle, s'attaquent aux trois manifestations de sa centralité

35. Platon, *Phédon*, 90 c.

et de sa permanence : l'*ethno*centrisme, depuis son apparition avec la philosophie grecque, l'*euro*centrisme, depuis sa généralisation avec la pensée des Lumières, et le *logo*centrisme, depuis sa justification avec le principe de raison de Leibniz. Il était naturel que le rejet de l'*universum* prît place dans l'enceinte de l'*universitas magistrorum et scholarium* afin que des maîtres, infidèles à leur vocation, démontent devant leurs étudiants les constructions que leurs prédécesseurs avaient édifiés au cours des siècles. Je ne peux éviter ici d'en appeler aux thèses de Jacques Derrida, que j'ai envisagées longuement ailleurs[36], dans la mesure où elles font partie du patrimoine intellectuel du temps. Elles ont nourri, non seulement les stratégies déconstructrices des universités occidentales, dans les *gender studies* américaines et canadiennes, mais aussi la mode largement partagée par les intellectuels et le public lettré de l'absence de fondement de la culture européenne.

Partons de l'effet de contraste entre la thèse de Paul Valéry et celle de Jacques Derrida sur l'Europe qui sont précisément mises en scène par ce dernier. Valéry, qui craignait dans *La crise de l'esprit* d'assister

36. J.-F. Mattéi, *Le Regard vide, op. cit.*, chapitre III, « Le regard sur la cité ».

à « l'agonie de l'âme européenne[37] », croyait pourtant que l'Europe resterait « *ce qu'elle paraît,* c'est-à-dire : la partie précieuse de l'univers terrestre, la perle de la sphère, le cerveau d'un vaste corps[38] ». Derrida va montrer qu'il n'en est rien. Dans un texte intitulé *L'Autre cap* qui joue sur la définition valéryenne de l'Europe comme le petit cap du continent asiatique, il fait usage de toutes les variations possibles sur ce « cap » qu'il convient de subvertir, sinon de *décaper,* pour en montrer l'inanité. Sa déconstruction pose comme hypothèse qu'aucune culture n'est identique à elle-même, comme nous l'avons vu chez les critiques patentés de l'identité et de l'appropriation.

C'est déjà biaiser les raisonnements ultérieurs. Car on a réduit l'identité à la fixité et à la fossilisation d'une culture, ce qui est une totale absurdité. L'Europe de Proust n'est pas identique à l'Europe de Diderot ou à l'Europe de Shakespeare, quels que soient les noyaux pensants, pour parler avec Valéry, qui ont animé les créateurs au cours des siècles. Et personne n'a jamais

37. P. Valéry, *La Crise de l'Esprit* (1919), *Œuvres I*, Paris, Gallimard, Bibliothèque de La Pléiade, 1957, p. 990.
38. P. Valéry, *La Crise de l'esprit, op. cit.*, p. 995. Souligné par l'auteur.

prétendu que l'Europe, médusée par elle-même, était figée dans le marbre. Sans refuser une identité potentielle à l'Europe tout en la lui retirant sans cesse, Derrida emprunte à Valéry, dont il suit la démarche comme une ombre, le terme de *cap* pour en évider toute signification. *Caput* signifie en latin la tête, l'extrémité et la fin, et, en matière de navigation, la direction pointée par l'étrave d'un navire entre le Nord et sa ligne de foi, c'est-à-dire l'axe de sa course. Quant au capitaine, il est celui qui tient le cap. Or, Derrida ne va pas changer *de* cap, en prenant la place vide du capitaine, c'est-à-dire de Paul Valéry ; il va changer *le* cap parce qu'il n'y a aucun cap à tenir pour l'Europe, pour l'homme et pour la raison elle-même. La ligne de foi est bel et bien perdue.

On aura compris que le cap vers lequel l'Europe de Valéry se dirigeait était le cap de la raison. La déconstruction du *logos,* qui pointait vers l'universel européen, implique la déconstruction du cap. Derrida ne cherche donc pas à se diriger vers *un autre cap,* le cap de l'Amérique ou le cap de l'Asie, ce qui donnerait une nouvelle orientation au vaisseau de l'humanité. Il parie pour « *un autre du cap* », c'est-à-dire pour qui comprendra cette expression, une direction qui ne relève plus d'un cap. Elle ne peut être qu'une direction sans direction, ou une orientation dénuée d'orientation. La déconstruction, non pas du mot « cap », mais de la chose elle-même, la visée d'un regard qui suit une direction unique, celle de la raison, conduit la pensée à avancer en tirant des bords de-ci de-là jusqu'à ce qu'elle perde la *tête*, c'est-à-dire le *cap*. La déconstruction se donne alors pour ce qu'elle est, une *dé-cap-itation* de la raison, ou, dans le langage de Derrida, une déconstruction de la *logique* du cap, entendons du logocentrisme.

Cette peine *capitale* imposée à l'Europe et à sa raison d'être revient à refuser tout principe, toute instance transcendantale et toute idée directrice, c'est-à-dire encore, pour reprendre le mot de Husserl, tout *telos* rationnel entendu comme la fin de la connaissance. L'Europe avait toujours été pensée, par Nietzsche, Valéry ou Pessoa, selon la modalité d'une percée intelligible vers la raison dont la percée maritime vers un cap, ainsi les Indes pour Colomb, était la manifestation visible. Derrida, et les déconstructeurs inscrits dans son sillage, déconstruisent la possibilité d'un cap, ce qui revient à annuler le *capital* culturel de l'Europe, son origine et sa fin, son héritage du passé et son avancée vers l'avenir. Valéry avait clairement anticipé le geste déconstructeur : « Je dis que le capital de notre culture est en péril. Il l'est sous plusieurs aspects. Il l'est de plusieurs façons. Il l'est brutalement. Il l'est insidieusement. Il est attaqué par plus d'un. Il est dissipé, négligé, avili par nous tous. Les progrès de cette désagrégation sont évidents[39]. »

La déconstruction du *logos* révèle alors sa misologie profonde dans des termes semblables à ceux que Platon utilisait pour la dénoncer. Le flot d'écriture derridienne se tourne et se retourne, d'un côté comme de l'autre, sans jamais se fixer sur tel ou tel point, dans une cascade de dénégations, ou de *ni-ni*, qui interdisent à la pensée, seraitelle celle de la déconstruction, de reposer en elle-même. La désappropriation a fait son œuvre ou son désœuvrement. « Nous ne voulons plus *aujourd'hui* ni de l'eurocentrisme ni de l'anti-eurocentrisme », de sorte que, si nous devons nous prononcer sur l'identité de l'Europe, nous ne choisirons « ni le monopole ni la dispersion[40] ». Parallèlement, Derrida, sans nous renseigner sur son étrange invention, choisit de penser l'Europe à partir d'« une certaine

39. P. Valéry, « La Liberté de l'esprit », *Regards sur le monde actuel*, *Œuvres II*, Paris, Gallimard, Bibliothèque de la Pléiade, 1960, p. 1090.
40. J. Derrida, *L'Autre Cap*, Paris, Minuit, 1991, p. 19 et p. 43. Souligné par l'auteur.

expérience de la possibilité de l'impossible » qui consiste à inventer « la seule *invention possible, l'invention impossible*[41] ». Mais on ne saura jamais ce qu'il en est. L'auteur de *L'Autre cap*, qu'il faut toujours entendre comme l'*autre du cap* reste silencieux sur cette impossible possibilité qui est, on l'aura compris, la possible impossibilité de la déconstruction elle-même.

En annulant chacune des affirmations qu'il avance sur l'Europe par une négation immédiate, Derrida impose à ses lecteurs les impératifs de ses doubles devoirs qui seront sans surprise. Le vertige de la déconstruction nous précipite alors dans un abîme de truismes et de contradictions. Le devoir de critiquer la forme européenne du communisme et le devoir de critiquer la forme européenne du capitalisme ; le devoir de développer l'idée critique de l'Europe et le devoir de soumettre la critique de l'Europe à sa déconstruction ; le devoir d'assumer le passé de la démocratie et le devoir de penser que la démocratie n'est qu'un avenir ; le devoir de respecter toutes les différences et le devoir d'imposer à ces différences l'universalité ; le devoir de respecter la foi religieuse et le devoir de rester fidèle à l'esprit

41. J. Derrida, *L'Autre Cap, op. cit.*, p. 43. Souligné par l'auteur.

laïc; le devoir de souscrire à la responsabilité de penser selon ces impératifs et le devoir de respecter ceux qui refusent cette responsabilité. Tous ces doubles devoirs, exprimés dans la langue de la contradiction, imitent en les gauchissant les simples devoirs de l'humanisme. En dépit de ces changements incessants de cap, qui relèvent d'un pur jeu rhétorique, la raison continue d'indiquer un seul et même cap : celui de l'Idée transcendantale vers lequel l'Europe a toujours orienté son regard.

La contradiction autoréférentielle

Dans son introduction à l'essai de Charles Taylor sur *La Politique de Reconnaissance*, Amy Gutmann, professeur de science politique à Princeton, souligne que la neutralité de l'espace public des démocraties libérales accepte l'enseignement de valeurs culturelles différentes. Mais elle rejette « l'argument autodépréciatif » des déconstructionnistes qui utilisent, d'une part, leur culture pour en nier les principes, et manifestent, d'autre part, la même hégémonie qu'ils reprochent à la culture dominante. L'auteur n'a pas de peine à établir, en prenant l'exemple de l'université, que la pratique déconstructrice conduit les thèses intellectuelles et les débats philosophiques à se réduire à des rapports de force. Les déconstructeurs refusent que la culture occidentale impose ses normes aux cultures minoritaires sans voir que le multiculturalisme impose parallèlement ses exigences à la culture majoritaire. Il en résulte que « la vie intellectuelle est alors “déconstruite” en un champ de bataille de classes, de sexes et d'intérêts raciaux[42] ». L'*université* devient effectivement un terrain de luttes idéologiques dès qu'elle abandonne le terrain de l'*universel* pour satisfaire les intérêts particuliers des peuples opprimés, des *gender studies*, ou de ceux qui déconstruisent l'université pour imposer leur vision d'une universalité fragmentée. Mais s'il faut protéger, comme le souhaite Amy Gutmann, la liberté d'expression qui autorise les minorités à exprimer leurs valeurs, il faut aussi reconnaître que l'égalité de tous les peuples est fondée sur « le respect mutuel à l'égard des différences intellectuelles, politiques et culturelles raisonnables[43] ».

Raisonnables : la légitimité de l'universalité tient dans ce seul mot. Si les différences culturelles sont raisonnables, ainsi que leurs accommodements, elles participent

42. A. Gutmann, *in* C. Taylor, *Multiculturalisme, op. cit.*, p. 35.

43. A. Gutmann, *in* C. Taylor, *Multiculturalisme, op. cit.*, p. 39.

de droit à l'universel et n'ont pas de revendications particulières à faire valoir. Mais si elles participent à l'universel, elles n'ont pas à déprécier sa culture que, de façon contradictoire, elles essaient de déconstruire avec ses outils intellectuels. Le plus surprenant, dans les stratégies des déconstructeurs, tient moins à la volonté de démonter les ressorts de leur culture que l'indifférence à l'égard d'une contradiction qui ruine d'emblée leur projet. Elles se tiennent à la fois à l'intérieur de la clôture ethnocentrique pour en utiliser les principes et à l'extérieur de cette même clôture pour en faire la critique. Pour le dire brièvement, la déconstruction de la culture logocentrique utilise la culture logocentrique pour se déconstruire elle-même et assurer contradictoirement sa pérennité. Or, c'est le même architecte qui peut construire ou déconstruire un bâtiment selon les procédures adéquates. Descartes le savait, bien avant Derrida, lorsqu'il s'attaquait aux principes de ses anciennes opinions parce que « la ruine des fondements entraîne nécessairement avec soi tout le reste de l'édifice[44] ». Mais il savait aussi que son doute universel était fondé, sans tomber dans la contradiction,

44. Descartes, *Méditations*, I, « Des choses que l'on peut révoquer en doute ».

sur une raison dont il trouvait le point « fixe et assuré » dans sa pensée avant d'en trouver la garantie en Dieu. C'est l'instance transcendantale, dont les déconstructeurs nient la possibilité, qui rend possible aussi bien la construction que la déconstruction de la raison.

Celui qui veut juger de la valeur de la vie, écrivait Nietzsche, doit se placer en dehors de la vie elle-même. Il est en effet juge et partie du drame qui se joue. Voltaire prenait le recul de Sirius pour juger notre planète, mais l'écart souhaité n'était pas assez grand puisque l'auteur de *Candide* écrivait sur cette même planète. On ne peut pas plus juger la Terre que juger la vie quand on est un être vivant attaché à la Terre. De même, on ne peut pas plus déconstruire la raison que déconstruire l'homme quand on est un être humain attaché à la rationalité. Ce qui est hors de doute, c'est que les formes de cultures et les systèmes de valeurs s'inscrivent sous des horizons particuliers que chaque société cherche à sauvegarder car il y va de son existence. Mais la culture européenne a fait émerger des principes d'ordre théorique, susceptibles de s'appliquer à la vie en commun des hommes, dans un horizon universel qui s'est étendu à d'autres horizons. L'énigme éternelle de l'universel est là. Il s'est révélé à une civilisation particulière qui, loin de se l'approprier, l'a diffusé aux autres civilisations quel que soit leur degré de réceptivité. Quand l'histoire a mis en présence tous les peuples de la Terre au point de les intégrer, sinon de les fusionner, dans une mondialisation irrésistible, la culture européenne a compris qu'elle était la condition de possibilité de la connaissance des autres cultures et de la sienne propre. Aucune des cultures en dehors de l'Europe n'a relevé de cette condition qui leur interdit de se présenter comme égales à la culture européenne en dehors du fait qu'elles relèvent toutes d'un sol culturel différent. Mais tous les sols n'ont pas connu les mêmes labours ni produit les mêmes fruits.

Jacques Dewitte a bien souligné le point faible de la « contradiction performative » des partisans d'une égalité des cultures et, ajouterai-je, des déconstructeurs qui leur sont alliés. Dans certaines énonciations linguistiques, il arrive que la forme de l'énonciation soit en contradiction avec le contenu de l'énoncé. On retrouve le vieux sophisme d'Épiménide le Crétois qui a traversé les siècles. Épiménide nous dit en effet, sans doute avec un clin d'œil : « Tous les Crétois sont des menteurs ». Si Épiménide dit vrai, alors il ment puisqu'il est bel et bien Crétois. Mais s'il ment, alors il dit la vérité puisqu'il reconnaît que tous les Crétois ne sont pas des menteurs. Il en va de même des doubles énoncés contradictoires, qui rappellent les doubles dénégations derridiennes, du type : « La phrase qui suit est vraie. La phrase qui précède est fausse. » La stratégie déconstructrice procède du même sophisme et se détruit elle-même. Elle revient à dire en effet : « Toute la culture européenne est mensongère. » Si le déconstructeur dit vrai, alors il ment puisque le déconstructeur appartient à la culture européenne comme Épiménide à la culture crétoise. Mais si le déconstructeur dit faux, alors il dit la vérité puisqu'il reconnaît que la culture européenne n'est pas mensongère. La seule possibilité d'échapper au sophisme consiste à distinguer deux niveaux logiques d'assertion en supprimant l'autoréférence et l'inclusion d'une phrase en elle-même. Comme Épiménide, le déconstructeur qui utilise la raison pour nier la raison, la construction logique pour déconstruire la logique, dissimule un défaut de raisonnement sous une apparence de correction grammaticale. Ses phrases sont syntaxiquement correctes, mais n'ont pas plus de validité que la phrase tout aussi correcte que je soumets à mon lecteur : « La phrase que vous êtes en train de lire n'a pas de sens. »

Appliquons ce raisonnement à l'ensemble des cultures en le confrontant à la thèse du multiculturalisme : « Toutes les cultures sont égales. » Si nous la prenons au mot, nous tombons dans une contradiction autoréférentielle ou, comme disent les linguistes, performative. Pour que cet énoncé soit en effet possible, simplement en tant qu'énoncé et sans considération du contenu des cultures concernées, il faut que « toutes les cultures » aient été mises en présence par un regard excentré d'elles-mêmes que toutes n'ont pas eu et qui est *le regard éloigné* de Lévi-Strauss. Seule la culture européenne a posé un tel regard sur les autres cultures comme elle le posait sur elle-même dans un souci semblable de scepticisme, c'est-à-dire d'examen critique. On doit alors convenir que si un individu, ou la société à laquelle il appartient, peut émettre cette sentence sur l'égalité des cultures, c'est que lui-même et la société qui l'a formé incarnent l'exception singulière qui confirme la règle. Mais cette règle n'est à leurs yeux valides que pour *les autres cultures*, celles qui n'ont pas prononcé la même sentence. C'est pourquoi Kolakowski pouvait écrire sans se contredire :

« Nous affirmons notre appartenance à la culture européenne précisément par notre capacité de garder une distance critique envers nous-mêmes, de vouloir nous regarder avec les yeux des autres, d'estimer la tolérance dans la vie publique, le scepticisme dans le travail intellectuel. »

Et le philosophe polonais de se risquer à ajouter sans succomber aux faux-semblants :

« En admettant cela, nous proclamons – explicitement ou non, peu importe – que la culture qui a su articuler fortement ces idées [...] est une culture supérieure[45]. »

On ne jugera pas cette supériorité d'un point de vue absolu puisque l'histoire humaine n'est pas arrivée à son terme et que personne n'a le point de vue transcendant de Dieu. On peut néanmoins en convenir, sans arrogance et sans satisfaction, d'autant que la culture européenne a suffisamment de reproches à s'adresser du point de vue sceptique qui est le sien. Kolakowski n'a pas été le seul à souligner que l'attitude critique de l'Europe envers ses propres échecs témoignait précisément de ses succès. Dans son célèbre essai, *Le Château de Barbe-Bleue,* George Steiner n'hésitait pas à critiquer l'idéologie autoaccusatrice de la conscience occidentale en mettant en évidence, en dehors de ses outrances, la contradiction qui l'habitait. Ce n'est pas parce que la culture de

---

45. L. Kolakowski, *Le Village introuvable, op. cit.*, p. 110-111, repris dans J. Dewitte, *L'Exception européenne, op. cit.*, p. 39.

l'Europe a failli, en transgressant ses principes, qu'elle doit être condamnée ; c'est au contraire parce qu'elle a failli, mais en prenant conscience de ses fautes, qu'elle doit être reconnue comme supérieure. Aucune autre culture n'a jamais effectué cette rédemption. « Est-il d'autres races qui se soient tournées, dans un esprit de pénitence, vers leurs anciens esclaves ? D'autres civilisations qui aient désavoué, au nom de la morale, l'éclat de leur passé ? L'examen de conscience fondé sur des impératifs éthiques est, encore une fois, un acte proprement occidental et dans la lignée de Voltaire. » Quant aux belles âmes qui se flagellent les flancs avec les lanières de la culture ou qui font pénitence avec les sacrements de la religion, ils sont moralement, conclut Steiner, « en *situation fausse*[46] ». *Lord Jim* nous enseigne au contraire ce qu'est moralement une *vraie situation*. Chez Joseph Conrad, Jim a failli à l'honneur quand il a fui son bateau qui faisait eau de toutes parts, abandonnant à leur sort huit cents pèlerins ; il cherchera à retrouver sa dignité dans la communauté des gens de mer avant de

46. G. Steiner, *Le Château de Barbe-Bleue. Notes pour une redéfinition de la culture* (1973), Paris, Gallimard-Folio, 1986, p. 78-79. Souligné par l'auteur.

trouver sa rédemption parmi les indigènes malais dans une mort inutile. Dans ce roman admirable, et sans égal, l'Europe conjugue les deux sources de son éthique, la critique, issue de la philosophie grecque, et la rédemption, issue de la religion chrétienne.

À force de déconstruire l'identité de la culture qu'elle parasite, la déconstruction n'a d'autre ressource que de s'abîmer dans la contradiction. Constantin Castoriadis est revenu à son tour sur « la vieille contradiction autoréférentielle » qui corrompt la condamnation de l'héritage européen des mouvements multiculturalistes. Les conditions historiques de l'apparition d'une idée, d'une œuvre ou d'une culture ne suffisent pas à trancher sur leur validité dans la mesure où le jugement de validité n'est pas indépendant des conditions historiques de son énonciation[47]. Cette assignation de l'universalité européenne à son origine particulière, qui prend la forme d'une condamnation, est d'autant plus absurde que l'assignation elle-même, et la condamnation qu'elle entraîne, doit être aussi assignée à son origine particulière. En tout état de cause, les crimes reprochés à l'Europe ne mettent à aucun moment en

47. C. Castoriadis, *La Montée de l'insignifiance*, *op. cit.*, p. 235.

cause la validité de droit de ses positions morales et politiques. Comme le remarque Castoriadis, le fait que Jefferson ait possédé des esclaves en son temps ne contredit pas la *Déclaration d'indépendance* qu'il a rédigée. Les « nouveaux fanatiques » d'un multiculturalisme sans pitié veulent proscrire, avec un passé souffrant qui s'y refuse parce que sa souffrance est passée, l'héritage présent que les hommes d'autrefois nous ont légué pour critiquer notre démesure. Castoriadis refusait ainsi de se soumettre au diktat de certains groupes, comme celui des féministes qui lui intimerait de « jeter aux orties la *Passion selon Saint-Jean* non seulement en tant que produit d'un mâle blanc et mort, mais en tant qu'expression d'une foi religieuse » qui serait aliénante pour les autres cultures[48].

La critique déconstructrice est sans espoir, et n'a plus qu'à se taire. Aristote disait que l'adversaire du principe de non-contradiction avait le seul silence à opposer à son adversaire. Car, dès qu'il prononce une phrase, ou simplement un mot, il ne peut pas ne pas assumer l'identité de ce qu'il énonce. Le seul mot « toi ! », adressé à son interlocuteur, implique que c'est à *lui* qu'il s'adresse, et non à un *autre*. Il le

48. C. Castoriadis, *La Montée de l'insignifiance*, *op. cit.*, p. 238.

reconnaît donc par sa seule visée. Il en va de même dans la culture déconstructrice, ce fatal oxymore. Il lui suffit de mettre en question l'eurocentrisme pour témoigner, contre son gré, de son appartenance à l'eurocentrisme. La pensée sauvage n'a jamais mis en question le silvacentrisme. On a beau chasser de soi l'identité de sa culture, elle revient vous frapper comme un boomerang.

CONCLUSION

Un faux procès

On impute à l'Europe, pour lui en faire procès, ses crimes dont le plus grand aura été celui d'exister. L'excès de ses lumières a fait trop d'ombre aux autres cultures qui ont été éclairées par elle. Les accusations sont d'autant plus lourdes que les parties civiles font assaut d'innocence. Il y a pourtant matière à plaidoirie. Que penser, en Inde, de la situation des intouchables, les *Dalits*, dont la vue ou le contact était l'impureté suprême et qui étaient exclus des quatre castes de la société ? Que penser de la pratique de la *sati* qui ordonnait aux veuves de brûler avec leur mari sur le bûcher funéraire ? La tradition fut interdite en 1829 par le Gouverneur anglais avec le *Sati Prevention Regulation Act*, mais l'Inde connaît encore aujourd'hui des cas de *sati*. La juridiction coloniale a-t-elle eu tort alors de légiférer en terre étrangère ? Que penser, en Chine impériale, du sort des personnes viles classées en neuf catégories, des prostituées aux mendiants, aux barbares du sud et aux esclaves de naissance ? Que penser, en Afrique comme en Asie du Sud-Est, de la pratique de l'excision qui a mutilé et mutile encore plus de cent millions de femmes ? Que penser du sort actuel des ethnies Nuba et Dinka, réduites au Soudan en esclavage, comme en témoigne la jeune Mende Nazer, violée à douze ans puis vendue comme esclave à Khartoum[1] ? Que penser de la pratique de la lapidation dans certains pays islamiques, dont l'Iran qui menaçait en octobre 2010 de lapider Sakineh Mohammadi-Ashtiani ? Que penser de la tradition juridique saoudienne qui coupe la main des voleurs et décapite les meurtriers avec un sabre ? La politique et la morale universelles doivent-elles admettre ces pratiques parce que ce sont des coutumes ancestrales et que, toutes les cultures étant égales, chacune se réfère à ses propres valeurs ?

La critique de l'Europe n'est possible qu'à l'aide des normes juridiques et des principes éthiques qu'elle a diffusés chez tous les peuples pour connaître le monde plutôt que pour le juger. Le lecteur comprendra que je ne plaiderai pas la relaxe

1. M. Nazer et D. Lewis, *Ma vie d'esclave*, Paris, Éditions de l'Archipel, 2008.

puisque le tribunal entier, l'avocat de l'accusation comme les avocats de la défense, les juges comme les témoins, parlent une même langue et partagent une même culture, celle que l'on ne peut dissoudre sans se dissoudre soi-même comme dans un rêve. Le procès de l'Europe, qui se confond en définitive avec le processus de son ouverture au monde, ne peut qu'aboutir, sur le modèle de l'universel qui est privé d'ancrage, à un *non-lieu.*

La démesure de la raison

Les critiques auront beau chercher dans les aires culturelles étrangères à l'Europe, les tribus primitives ou les civilisations avancées, ils ne trouveront pas, en dépit des coutumes et des sagesses, un mode de pensée comparable au modèle européen. J'ai rappelé que sa rationalité était fondée sur quatre postulats. Sur le plan théorique, la connaissance du monde est tendue vers l'idée de vérité qui éclaire chacune de ses démarches. Sur le plan pratique, l'action de l'homme est commandée par l'idée d'humanité dont chacun a le devoir de respecter la dignité. Sur le plan historique, le développement de la société est soumis à une ouverture qui conduit l'humanité vers la maîtrise de son destin. Sur le plan moral, enfin, la réflexion impose à la culture européenne de se mettre en question et d'*accuser*, dans tous les sens du terme, les blessures qu'elle inflige aux autres et qu'elle s'inflige à elle-même. C'est parce que la rationalité est spéculaire qu'elle s'inquiète sans cesse du visage qu'elle présente dans son propre miroir. Que la critique de soi puisse se pervertir en détestation de soi n'est finalement qu'un effet, parfois salutaire, souvent dangereux, du mouvement qui la pousse à une plus grande exigence. Sa devise reste bien *Plus ultra*, serait-ce dans la condamnation de soi.

Chesterton disait que le monde moderne était plein d'idées chrétiennes devenues folles. Le monde post-moderne, à son tour, est plein d'idées européennes qui ont perdu la raison. L'Europe a toujours été vouée à l'excès, bien qu'elle soit fille de la mesure grecque, et a cultivé avec passion le sens de la démesure[2]. Nietzsche avait bien vu que la raison de l'homme européen portait avec soi son double, et sa déraison latente, comme le voyageur est toujours suivi de son ombre. « La *mesure* nous est étrangère, reconnaissons-le ; notre déman-

2. Pour l'*hubris* de la raison, et donc de l'entreprise européenne, je renvoie à mon livre *Le Sens de la démesure*, Cabris, Sulliver, 2009.

geaison, c'est justement la démangeaison de l'infini, de l'immense. Pareil au cavalier emporté par un coursier écumant, nous lâchons les rênes face à l'infini, nous, hommes modernes, nous demi-barbares – et nous ne connaissons *notre* béatitude que là où nous sommes aussi le plus – *exposés au danger*[3]. » Que la modernité, du fait de ses excès, nous expose au danger d'une demi-barbarie est sans doute le signe de sa demi-humanité. L'Europe n'a en effet jamais fini de réaliser son projet humaniste et de sonder les abîmes qu'elle ouvre sous ses cimes. Je ne crois pas qu'on doive lui en faire procès sous le prétexte que l'*oultre* de Charles Quint portait sa propre *outrance*. Sans elle, pourtant, l'Europe n'aurait jamais accru la connaissance du monde, en construisant ses théories scientifiques puis en réalisant ses vérifications expérimentales, et amélioré la condition de l'homme, en élaborant des normes juridiques et en établissant des constitutions démocratiques. Sans elle, également, l'Europe n'aurait pas outrepassé ses principes, en les imposant aux autres peuples, et n'aurait pas outrepassé

3. F. Nietzsche, *Par-delà bien et mal*, traduction de P. Wotling, présentation de J.-F. Mattéi, Paris, Flammarion-Le Monde de la Philosophie, 2008, § 224, p. 655. Souligné par Nietzsche.

sa critique, en justifiant par là les principes qu'elle avait violés.

Camus fustigeait avec raison « l'ignoble Europe » qui avait déserté lors des deux guerres mondiales « la terre de l'humanisme[4] ». Mais il saluait aussi la noblesse d'une culture qui avait inventé la pensée de Midi où l'homme trouve son juste équilibre. S'il fallait en définitive reconnaître la grandeur de l'humanité européenne, c'est qu'elle pouvait à tout moment compenser la démesure de ses actions par la mesure de ses critiques. Appliquée à l'Europe, la sentence de Camus trouve sa justification et montre l'inanité du procès introduit contre elle : « La vraie folie de démesure meurt ou crée sa propre mesure[5]. » Aucune autre culture du passé n'a suivi cette voie de l'universalité et de la remise en cause pour transformer les violences de sa démesure en un droit à la mesure. On a souvent qualifié cette voie de platonisme parce qu'elle s'ouvrait sur un bien transcendant en lequel l'Europe a oublié de croire. Et la transcendance, une invention

4. A. Camus, *Actuelles II, Œuvres complètes III (1949-1956)*, Paris, Gallimard, Bibliothèque de La Pléiade, 2008, p. 390.
5. A. Camus, *L'Homme révolté, Œuvres complètes III (1949-1956)*, *op. cit.*, p. 319.

de la pensée européenne selon Deleuze aussi bien que selon Levinas, a entraîné dans sa crise la fin de la culture qui s'en réclamait. La découverte de sociétés différentes a ébranlé la croyance en l'universel et a conduit à un anti-platonisme revendiqué qui faisait la part égale à tous les particularismes. Le relativisme de l'ethnologie a entraîné la relativité de la culture occidentale qui est enracinée, comme toutes les cultures, dans une géographie et une histoire déterminées.

La mesure de la critique

Mais Levinas, après avoir accepté l'argument de la diversité culturelle, le retourne du tout au tout quand il le soumet à la critique dont l'accusation fait usage. « Voilà le platonisme vaincu ! Mais il est vaincu au nom de la générosité même de la pensée occidentale qui, apercevant l'homme *abstrait* dans les hommes, a proclamé la valeur absolue de la personne et a englobé dans le respect qu'elle lui porte jusqu'aux cultures où ces personnes se tiennent et où elles s'expriment. Le platonisme est vaincu grâce aux moyens mêmes qu'a fournis la pensée universelle issue de Platon, cette décriée civilisation occidentale qui a su comprendre les cultures particulières, lesquelles n'ont jamais rien compris à elles-mêmes[6]. » Cette asymétrie, que j'ai relevée à plusieurs reprises, interdit de promouvoir l'égalité des cultures et de justifier le relativisme des valeurs. Levinas va encore plus loin dans l'asymétrie entre la culture qui a abordé l'ensemble des cultures à partir de ses catégories intellectuelles et les cultures qui n'ont pas abordé la précédente tout en lui empruntant son outillage intellectuel. « La "Pensée sauvage" », écrit sèchement Levinas, « c'est une pensée qu'un Européen a su découvrir, ce ne sont pas les penseurs sauvages qui ont retrouvé notre pensée ; il y a une espèce d'enveloppement de toute pensée par le sujet européen[7]. »

L'auto-accusation n'est donc pas plus recevable que l'auto-célébration, et le procès doit se conclure par un non-lieu. On ne peut reprocher à la culture européenne de s'être identifiée, à la suite d'on ne sait quelle élection, à l'universel. Elle a fait exactement le contraire en soulevant la question épineuse du partage de l'universalité. Que la culture soit une donnée

---

6. E. Levinas, *Humanisme de l'autre homme, op. cit.*, p. 59-60 ; le mot « *abstrait* » est souligné par Levinas.
7. Entretien avec François Poirié, *Emmanuel Levinas. Qui êtes-vous ?*, Paris, La Manufacture, 1987, p. 114.

commune à toutes les sociétés, ce qui distingue l'espèce humaine des autres espèces animales, est une chose certaine. Que toutes les cultures soient égales dans leur appréhension de l'universel est beaucoup plus douteux. Seule la culture apparue en Europe a eu l'*idée* d'étudier les autres cultures pour déceler la part d'universel qu'elles détiennent nécessairement. Mais elles la détiennent en raison du postulat selon lequel chaque culture, du seul fait qu'elle est humaine et ce fait est un fait de la raison, est ancrée dans la rationalité. Si la culture de l'Europe peut être qualifiée d'universelle, ce n'est pas parce qu'elle s'est appropriée l'universalité de la pensée, ce qui n'aurait aucun sens ; c'est parce qu'elle en a reconnu l'existence chez tous les peuples et qu'elle l'a diffusée dans le monde entier. On peut le déplorer en accusant l'Europe et son prolongement occidental d'avoir ouvert, puisque l'on parle d'ouverture, la boîte de Pandore ; on ne peut en contester l'existence ou la légitimité. L'universel est légitime du seul *fait* – un « fait de la raison » disait Kant – qu'il est en *droit* universel. Nul ne peut nier que trois et deux font cinq, car l'arithmétique est son propre tribunal et ce tribunal n'est plus européen, pas plus qu'on ne peut nier qu'un triangle soit composé de trois angles. La raison est bien fondée sur le principe d'identité qui identifie toute particularité à l'universalité.

L'identité de l'Europe

Il est étrange de voir certains contempteurs de l'identité européenne, dans leur fureur de désapproprier l'Europe d'elle-même, faire appel à Fernand Braudel. Or, le grand historien a précisément œuvré pour la reconnaissance des identités culturelles, plus encore, pour la reconnaissance de l'identité européenne et, de façon plus précise, de l'identité française. C'est d'ailleurs le titre de son dernier ouvrage[8]. Dans sa *Grammaire des civilisations* consacrée aux cultures des cinq continents, Braudel pariait pour « un humanisme qui a [ses] préférences » et n'hésitait pas à réclamer sa conception de l'histoire des « humanismes vivants[9] ». Or, les différentes figures de l'humanisme ont été mises en place par le monde européen qui se présentait au siècle des Lumières comme *la civilisation* qui possède une conscience réflexive de soi. C'est pourquoi Braudel, dans le même ouvrage, utilise la notion d'« unités brillantes » qu'il

8. F. Braudel, *L'Identité de la France*, 3 volumes, Paris, Arthaud, 1986.
9. *Grammaire des civilisations, op. cit.*, p. 23 et p. 461.

accorde à l'Europe et à l'Europe seulement. Il mentionne également, les « unités nationales » qui correspondent aux différents États, les « unités aléatoires » où se concentrent les choix politiques, les « unités solides » qui constituent les centres économiques, et même les « unités violentes », engendrées par les guerres qui ont ensanglanté l'Europe. Mais ce sont les unités brillantes de l'art et de l'esprit qui définissent souverainement la culture originale de l'Europe.

« Nous entendrons par unités brillantes, les rencontres, les unissons qui donnent à la civilisation européenne, sur le plan le plus élevé de la culture, du goût et de l'esprit, une allure fraternelle, presque uniforme, comme si elle était envahie par une seule et même lumière[10]. »

L'image classique de la lumière, présente dans les œuvres de culture, éclaire la civilisation européenne, et par là même l'humanité. Les unités brillantes – temples, églises, peintures, sculptures, mais aussi poésies, musiques, romans, drames ou textes philosophiques – inscrivent leur éclat dans la chair du temps qu'elles éclairent au long de son cours. Elles assurent la continuité des entreprises humaines en leur donnant leurs repères historiques

10. *Grammaire des civilisations*, *op. cit.*, p. 529.

aussi bien que géographiques. De toute l'histoire, pensée comme le confluent de l'ensemble des civilisations, monte alors l'unisson de ces unités pour éclairer la marche du devenir. Par cette ascension, l'homme est arraché à sa solitude et donne un sens à sa présence sur Terre. La conjonction braudélienne des unités brillantes – les œuvres d'art qui attirent le regard – et des unités catégoriales – les rythmes distincts qui scandent l'histoire – reflète la conjonction européenne de la *theoria* et de la *praxis* dans le même idéal d'universalité. Aussi la grammaire *des civilisations* est-elle bien pour Braudel une grammaire *de la civilisation*, c'est-à-dire une grammaire universelle, à ce titre normative, comme en témoigne sa remarque sur « l'Europe, idéal culturel à promouvoir[11] ». Elle permet en effet, par le double jeu des unités sémantiques et des unités syntaxiques, d'approcher formellement et substantiellement le sens de l'aventure humaine. Il réside dans la permanence d'une recherche unique que décline ses multiples manifestations à travers la triple syntaxe – brève, moyenne et longue – de l'histoire. L'identité de l'Europe tient bien à la durée du mouvement qui l'anime et

11. F. Braudel, *Grammaire des civilisations*, *op. cit.*, p. 556.

qui s'inscrit dans ce que Braudel nommait la *continuité* des civilisations.

L'horizon des horizons

Baudelaire s'inquiétait de vivre à Paris dans « un univers morne à l'horizon plombé[12] ». Rien d'ouvert ne pourrait alors orienter le regard de l'homme vers un avenir possible. L'image de l'horizon, et de l'ouverture vers une limite qui recule sans cesse en attirant le regard, est la mieux adaptée pour exprimer l'orientation des cultures. Lorsque Husserl tentait d'approcher la figure spirituelle de l'Europe, il l'identifiait à la visée d'« une idée infinie, sur laquelle, de manière cachée, l'ensemble du devenir de l'esprit » de l'humanité veut déboucher[13]. Les « unités d'esprit », dont parlait alors Husserl annonçaient les « unités brillantes » de Braudel pour évoquer les œuvres de l'esprit européen éclairées par la lumière du progrès. Husserl le répétera à plusieurs reprises : cet horizon ouvert à l'infini est la culture de la *theoria* elle-même qui naît de l'étonnement devant les choses. Ce regard arrache l'homme à la quiétude

12. Baudelaire, *Les Fleurs du Mal*, « De profondis clamavi ».
13. E. Husserl, *La Crise de l'humanité européenne et la philosophie*, *op. cit.*, p. 354.

de l'immédiat pour projeter au-delà de lui l'intérêt de la raison. À la différence de la vie primitive, assoupie dans son temps immobile, la vie civilisée est une vie éveillée qui s'oriente vers une fin au-delà d'elle-même. Une fois lancée, la percée du regard ne peut plus s'empêcher de développer le mouvement de connaissance qui est assujetti à l'idée qui le conduit. Pour le dire autrement, et Husserl retrouvait ici l'image première de la dramaturgie européenne, « l'homme devient un spectateur désintéressé, un regard jeté sur le monde, il devient philosophe[14] ».

Mais peut-on concilier les différents horizons de toutes les cultures ? Dans le texte que je citais précédemment, Charles Taylor acceptait que notre culture universelle soit un « mélange des horizons » susceptible d'ouvrir un horizon plus vaste que l'horizon de notre culture particulière[15]. C'est ce qu'a réalisé la science européenne en étudiant et en enseignant, par l'anthropologie culturelle et le comparatisme linguistique, les différents horizons de sens. Elle a pu le faire parce que, dès son apparition en Grèce, elle a été

---

14. E. Husserl, *La Crise de l'humanité européenne et la philosophie*, *op. cit.*, p. 365.
15. C. Taylor, « La Politique de Reconnaissance », *Multiculturalisme*, *op. cit.*, p. 91.

tributaire d'un regard qui portait au-delà de son propre ciel. Claude Lévi-Strauss a reconnu qu'il avait été éveillé à l'anthropologie, et donc aux horizons des cultures, par la magnifique sentence de Rousseau. Elle dit à elle seule ce que s'impose en tout domaine le regard de l'esprit européen. « Quand on veut étudier les hommes il faut regarder près de soi ; mais pour étudier l'homme il faut apprendre à porter sa vue au loin[16]. » Ce regard est effectivement éloigné, par la médiation de l'abstraction, parce que c'est un regard transcendantal. J'entends par là que le regard théorique porté sur l'homme et sur le monde, sur les autres cultures et sur sa propre culture, est la condition de la connaissance des horizons qu'il découvre à mesure de ses avancées.

Quand le philosophe allemand Hans-Georg Gadamer s'interrogeait sur le processus de compréhension dans les sciences humaines, il notait, comme Rousseau ou Lévi-Strauss, que le fait d'« acquérir un horizon signifie toujours apprendre à voir au-delà de ce qui est près, trop près, non pour l'éviter du regard, mais pour le saisir, embrassé dans un ensemble plus vaste

16. J.-J. Rousseau, *Essai sur l'origine des langues* (1781), *Œuvres complètes V*, Paris, Gallimard, Bibliothèque de La Pléiade, 1995, p. 394.

et dans des proportions plus justes[17] ». Gadamer montrait alors que la compréhension d'un phénomène humain, comme celui de la diversité des cultures, implique, non pas un processus de détachement, mais un processus de fusion des horizons à partir de l'horizon que le passé éclaire derrière nous. L'horizon de l'Europe demeure ainsi, comme les autres horizons, un horizon limité parce qu'il dépend d'un espace et d'un temps propres. Mais c'est un horizon qui, en prenant conscience de ses limites, intellectuelles aussi bien que morales, a cherché à découvrir les autres horizons. Il les a effectivement découverts en les inscrivant dans un horizon à chaque fois « plus vaste », comme disait Gadamer, ou plus universel, tout en sachant que la culture européenne, pas plus que les autres cultures, ne pourra épuiser son étendue. C'est pourtant là un beau risque à courir.

S'il n'y a pas d'horizon unique, et clos sur sa propre visée, c'est parce que le regard transcendantal de l'Europe, ouvert sur les autres regards, s'est lancé dans une course sans fin. Husserl le disait dans sa langue sévère, en parlant du « *concept d'Europe* en tant que *téléologie historique de*

17. H.-G. Gadamer, *Vérité et Méthode* (1960), Paris, Éditions du Seuil, 1976, p. 146.

but rationnels infinis[18] ». On peut le dire aussi dans une langue plus légère, celle du conte. Le méchant magicien dont je parlais au début de cet ouvrage croyait effacer le rêve européen de la raison. Mais il n'a enfanté que des illusions, et d'abord lui-même. Il n'a pas plus de consistance que le magicien d'Oz. Ce n'est pas le monde moderne qu'il est parvenu à dissiper, c'est sa propre image quand il s'est aperçu qu'il n'était que l'ombre de son propre songe. Quant à la raison européenne, elle pense déjà, heureuse comme Dorothy quand elle retrouve sa maison, à regarder au-delà de l'horizon, *somewhere*, où se lève l'arc-en-ciel des cultures[19].

18. Husserl, *La Crise de l'humanité européenne et la philosophie*, *op. cit.*, p. 382. Souligné par l'auteur.
19. Le lecteur aura reconnu le *Magicien d'Oz*, le film de Victor Fleming en 1930, et la chanson légendaire de Judy Garland dans le rôle de Dorothy, *Over the Rainbow*, composée par Harold Arlen.

Bibliographie

ANDREANI, Gilles « L'Europe des incertitudes », *Commentaire* n° 85, 1999.

ARON Raymond, *Plaidoyer pour l'Europe décadente*, Paris, Robert Laffont, 1977.

BALIBAR Étienne, *Europe Constitution Frontière*, Bègles, Éditions du Passant, 2005.

BANIARD Michel, *Genèse culturelle de l'Europe v^e-viiie siècle*, Paris, Seuil, 1989.

BARNAVI Élie, *L'Europe frigide*, Paris, Éditions André Versaille, 2008.

BECK Ulrich et GRANDE Edgar, *Pour un empire européen*, Paris, Flammarion, 2007.

BENDA Julien, *Discours à la nation européenne*, Gallimard, 1933.

BÉNÉTON Philippe, *Histoire de mots. Culture et civilisation*, Paris, Les Presses de Science Po. 1975.

BERL Emmanuel, *Histoire de l'Europe*, 3 vol., Paris, Gallimard, 1983.

BERRAMDANE Azbdelkhalek et ROSSETTO Jean (dir.), *La politique européenne d'immigration*, Paris, Karthala, 2009.

BESANÇON Alain, *Le malheur du siècle. Sur le communisme, le nazisme et l'unicité de la Shoah*, Paris, Fayard, 1998.

BLOOM Allan, *L'Âme désarmée. Essai sur le déclin de la culture générale*, Paris, Julliard, 1987.

BONARDEL Françoise, *Des Héritiers sans passé. Essai sur la crise de l'identité culturelle européenne*, Chatou, Les Éditions de la Transparence, 2010.

BOUJU Jacky, *La culture dogon : de l'ethnologie coloniale à l'anthropologie réciproque contemporaine*, Clio en Afrique, n° 10, été 2003.

BRAGUE Rémi, *Europe, La voie romaine*, Paris, Critérion, 1992; réédition Gallimard, 1999.

BRAUDEL Fernand, *L'identité de la France*, Paris, Arthaud-Flammarion, 1986 – *L'Europe. L'espace, le temps, les hommes*, Paris, Arts et métiers graphiques, 1987 – *Grammaire des civilisations*, Paris, Arthaud, 1987; réédition Flammarion « Champs Histoire », 1993.

BRUCKNER Pascal, *Le sanglot de l'homme blanc*, Paris, Le Seuil, 1983. – « Europe : Remorse and Exhaustion », *Dissent*, New York, printemps 2003. – *La Tyrannie de la pénitence. Essai sur le masochisme occidental*, Paris, Grasset, 2006.

CACCIARI Massimo, *Déclinaisons de l'Europe*, Paris, Éditions de l'Éclat, 1996.

CALLOT Émile, *Civilisation et civilisations*, Paris, Berger-Levrault, 1954.

CAMUS Albert, *L'homme révolté*, Paris, Gallimard, Bibliothèque de la Pléiade, *Œuvres complètes*, Tome III, 2008.

CHAUNU Pierre, *La civilisation de l'Europe classique*, Paris, Arthaud, 1966 – *La civilisation de l'Europe des Lumières*, Paris, Arthaud, 1971.

CLAUDEL Paul, *L'Europe, Œuvres en prose*, Paris, Gallimard, Bibliothèque de La Pléiade, 1965.

Collectif, *Géophilosophie de l'Europe. Penser l'Europe à ses frontières*, avec G. Agamben, A. Badiou, E. Balibar, V. Belohradsky, F. Benslama, C. Dabiré, J. Derrida, M. Dib, Y. Duroux, B. Ghalioun, D. Guénoun, P. Lacoue-Labarthe, E. Lourenço, J.-L. Nancy, D. Payot, P. Virilio, B. Waldenfels, La Tour d'Aigues, Éditions de l'Aube, 1993.

Collectif, « L'islam d'Europe », *Esprit*, janvier 1998.

Collectif, *L'esprit européen*, textes de Julien Benda, George Bernanos, Karl Jaspers, Georg Lukacs, etc., Conférences et entretiens organisés par les Rencontres Internationales de Genève, 1946, Neuchâtel, La Baconnière, 1947.

Collectif, *Présence de l'Europe centrale*, Genève, Cadmos, automne-hiver 1983 (textes de Claudio Magris, Eugène Ionesco, Andrzej Kusniewicz, William M. Johnston, etc.)

COMPAGNON Antoine et SEEBACHER Jacques, *L'Esprit de l'Europe*, 3 vol., Paris, Flammarion, 1983.

CORM Georges, *L' Europe et le mythe de l'Occident : la construction d'une histoire*, Paris, La Découverte, 2009.

COUDENHOVE-KALERGI Richard de, *Das Pan-Europaïsche Manifest* (*Le Manifeste Pan-européen*) ou *Pan-Europe*, Vienne, 1923;

réédition Paris, PUF, 1988 – *J'ai choisi l'Europe*, Paris, Plon, 1952.

CRÉPON Marc, *Altérités de l'Europe*, Paris, Galilée, 2006.

DAVIES Norman, *Europe. A History*, Oxford, Oxford University Press, 1996.

DEBRAY Régis, *Éloge des frontières*, Paris, Gallimard, 2010.

DELSOL Chantal, *L'irrévérence. Essai sur l'esprit européen*, Paris, Mame, 1993 – *Éloge de la singularité, Essai sur la modernité tardive*, Paris, La Table Ronde, 2000 – *La Grande Méprise. Essai sur la justice internationale*, Paris, La Table Ronde, 2003.

DELSOL Chantal, MASLOWSKI Michel et NOWICKI Joanna, *Mythes et symboles politiques en Europe centrale*, Paris, PUF, 2002.

DELSOL Chantal et MATTÉI Jean-François, *L'identité de l'Europe*, Paris, PUF, 2011.

DERRIDA Jacques, *L'Autre cap*, Paris, Les Éditions de Minuit, 1991.

DEWITTE Jacques, *Le pouvoir de la langue et la liberté de l'esprit. Essai sur la résistance au langage totalitaire*, Paris, Michalon, 2007 – *L'exception européenne. Ces mérites qui nous distinguent*, Paris, Michalon, 2008.

DEZERT Bernard et VANDERMOTTEN Christian, *L'identité de l'Europe : Histoire et géographie d'une quête d'unité*, Paris, Armand Colin, 2008.

DOMENACH Jean-Marie, *Europe : le défi culturel*, Paris, La Découverte, 1990.

DUMONT Gérard-François, *Démographie politique. Les lois de la géopolitique des populations*,

Paris, Ellipses, 2007 – *L'identité de l'Europe*, Nice, CRDP, 1997 ; édition allemande (avec Anselm Zurfluh) : *Die identität Europas*, Shaffhausen, Novalis, 2001. – « Quelles frontières pour l'Union européenne ? L'Union européenne, la Russie et la Turquie », dans Pierre VERLUISE, *Une nouvelle Europe : comprendre une révolution géopolitique*, Paris, Karthala, 2006.

DUMONT Gérard-François et VERLUISE Pierre, *Géopolitique de l'Europe*, Paris, SEDES, 2009.

DUMONT Gérard-François *et alii, Les racines de l'identité européenne*, Paris, Economica, 1999 ; « L'américanisation de l'Europe », *L'Europe globalisée*, Paris, L'Harmattan, 2002.

DUPRONT Alphonse, « De l'identité européenne », *Cahiers Alphonse Dupront*, n° 1, 1992.

ELIOT Thomas Stearn, « The Unity of European Culture », *Notes towards the Definition of Culture*, Londres, Faber and Faber, 1948.

FAYE Jean-Pierre, *L'Europe une. Les philosophes et l'Europe*, Paris, Gallimard, 1992.

FERENCZI Thomas, *Pourquoi l'Europe ?*, Paris, André Versaille éditeur, 2008.

FINKIELKRAUT Alain, *La Défaite de la pensée*, Paris, 1987, Gallimard. – *L'Humanité perdue*, Paris, Le Seuil, 1996. – *Les Battements du monde. Conversation avec Peter Sloterdijk*. Paris, Pauvert, 2003.

FOUCHER Michel, *L'Europe. Entre géopolitiques et géographies*, Paris, SEDES, 2009.

FRANK Robert, (dir.), *Les identités européennes au XXe siècle. Diversités, convergences et solidarités*, Paris, Publications de la Sorbonne, 2004.

FRÉMEAUX Jacques, *La France et l'Islam depuis 1789*, Paris, PUF, 1991.

FUKUYAMA Francis, *Le grand bouleversement*, Paris, La Table Ronde, 2003.

FUMAROLI Marc, « Histoire de la rhétorique et destin de l'Europe », *Commentaire*, n° 39, automne 1989. – *L'État culturel. Essai sur une religion moderne*, Paris, Fallois, 1992.

GADAMER Hans-Georg, *L'héritage de l'Europe*, Paris, Rivages, 1996.

GEREMEK Bronislaw, « Europe, construire le passé », *Projet*, n° 248, 1996.

GEREMEK Bronislaw et PICHT Robert, *Visions d'Europe*, Paris, Odile Jacob, 2008.

GHERVAS Stella et ROSSET François, *Lieux d'Europe*, Paris, Maison des sciences de l'homme, 2008.

GUENOUN Denis, *Hypothèses sur l'Europe*, Belfort, Circé, 2000.

GUIZOT François, *Histoire de la civilisation en Europe depuis la chute de l'Empire romain jusqu'à la Révolution française*, Paris, Librairie académique Didier & Co, 1860.

HABERMAS Jurgen, « The European Nation-State : On the Past and Future of Sovereignity and Citizenship », *The Inclusion of the Other : Studies in Political* Theory, MIT, 1998. – *Sur l'Europe*, Paris, Bayard, 2006.

HADDAD Mezri, *Pour un islam de paix*, Paris, Albin Michel, 2001.

HASSNER Pierre, « L'Europe et le spectre des nationalismes », *Esprit*, octobre 1991.

HAVEL Vaclav, « Le défi historique de l'Europe », *Transeuropéennes*, n° 8, automne 1996.

HAY Denis, *Europe. The Emergence of an Idea*, Edimbourg, University Press, 1968.

HEISBOURG François, *La fin de l'Occident ? L'Amérique, l'Europe et le Moyen-Orient*, Paris, Odile Jacob, 2005.

HERSANT Yves et DURAND-BOGAERT Fabienne, *Europes*, Paris, Robert Laffont, 2000.

HUSSERL Edmond, *La crise des sciences européennes et la phénoménologie transcendantale* (ou *Krisis*), Paris, Gallimard, 1976. – *La crise de l'humanité européenne et la philosophie*, conférences de Vienne les 7 et 10 mai 1935, Paris, Hatier, 1992.

JACQUES Francis (dir.), *Les racines culturelles et spirituelles de l'Europe*, Paris, Éditions Parole et Silence, 2008, avec des contributions de E. Du Réau, H. Faes, E. Fiat, S. Goyard-Fabre, F. Jacques, P. Magnard, M. Maslowski, J.-F. Mattéi, H. Simon, C. Kintzler.

JONAS Hans, *L'héritage de l'Europe*, Paris, Rivages-Poche, 2003.

JUDT Thomas, *Après Guerre. Une histoire de l'Europe depuis 1945*, Paris, Hachette Littératures, 2009.

JULLIEN François, *L'invention de l'idéal et le destin de l'Europe*, Seuil, 2009.

KEYSERLING, Hermann von, *L'Analyse spectrale de l'Europe*, Paris, Gonthier, 1965.

KOLAKOWSKI Leszek, « Où sont les barbares? Les illusions de l'universalisme culturel », *Commentaire*, n° 11, Automne 1980; repris dans Jacques DEWITTE, *Le Village introuvable*, Bruxelles, Complexe, 1986.

KOSIK Karel, « Un "troisième" Munich? », *La Crise des temps modernes. Dialectique de la morale*, Paris, Les Éditions de la Passion, 2003.

KUNDERA Milan, « Un Occident kidnappé ou la tragédie de l'Europe centrale », *Le Débat*, n° 27, 1983. – *Les Testaments trahis*, Paris, Gallimard, 1993. – *L'Art du roman*, Paris, Gallimard, 1995.

LAIGNEL-LAVASTINE Alexandra, *Esprits d'Europe*, Paris, Calmann-Lévy, 2005.

LAURENS Henry, TOLAN John et VEINSTEIN Gilles, *L'Europe et l'Islam. Quinze siècles d'histoire*, Paris, Odile Jacob, 2009.

LE GOFF Jacques, *La vieille Europe et la nôtre*, Paris, Seuil, 1994.

LOPEZ Roberto, *Naissance de l'Europe*, Paris, Armand Colin, 1962.

LOURENÇO Eduardo, « De l'Europe comme culture », *L'Europe introuvable : jalons pour une mythologie européenne*, Paris, Éditions Métailié, 1991.

MAALOUF Amin, *Les Identités meurtrières*, Paris, Grasset, 1998.

MANENT Pierre, *La Raison des nations. Réflexions sur la démocratie en Europe*, Paris, Gallimard, 2006.

MATTÉI Jean-François, *La Barbarie intérieure. Essai sur* l'immonde *moderne*, Paris, PUF, 1999, réédition PUF, « Quadrige », 2004. – *Le Regard vide. Essai sur l'épuisement de l'Europe*, Paris, Flammarion, 2007. – *Le sens de la démesure*, Cabris, Sulliver, 2009.

MATVEJEVITCH Predag, « L'Europe centrale et son mythe », *La Méditerranée et l'Europe*, Paris, Stock, 1998.

MENDRAS Henri, *L'Europe des Européens. Sociologie de l'Europe occidentale*, Paris, Gallimard, 1997.

MICHEL Bernard, « Les continuités culturelles de l'Europe Centrale », *L'Europe centrale, réalité, mythe, enjeu, XVIII-XXe siècles*, Varsovie, Centre de Civilisation française, 1991.

MILNER Jean-Claude, *Les penchants criminels de l'Europe démocratique*, Verdier, 2003.

MILOSZ Czeslaw, *La pensée captive. Essai sur les logocraties populaires*, Paris, Gallimard, 1953. – *Une autre Europe*, Paris, Gallimard, 1980.

MORIN Edgar, *Penser l'Europe*, Paris, Gallimard, 1987.

NEMO Philippe, *Qu'est-ce que l'Occident ?*, Paris, PUF, 2004.

NOOTEBOOM Cees, *L'Enlèvement d'Europe*, Paris, Calmann-Lévy, 1994.

NOVALIS, *L'Europe ou la chrétienté*, traduction d'Armel Guerne, *Œuvres complètes*, tome I, Paris, Gallimard, 1975.

NOWICKI Joanna, « La crise de l'espoir », *Quels repères pour l'Europe ?*, Paris, L'Harmattan, 1996 – *Europe, la danse sur les limites*, dir., Paris, édition Romillat, 2005. – *L'homme des confins. Pour une anthropologie interculturelle*, Paris, Éditions du CNRS, 2008.

PATOČKA Jan, *Platon et l'Europe*, Lagrasse, Verdier, 1983 – *L'idée de l'Europe en Bohème*, Grenoble, Jérôme Millon, 1991. – *L'Europe après l'Europe*, Lagrasse, Verdier, 2007.

PÉCOUT Gilles, *Penser les frontières de l'Europe du XIXe au XXIe siècle*, dir., Paris, PUF, 2004.

PESSOA Fernando, « Ultimatum », *Poésies et proses de Alvaro de Campos*, Paris, Éditions de La Différence, 1989.

PHILONENKO Alexis, *L'Archipel de la conscience européenne*, Paris, Grasset, 1970.

PITTE Jean-Robert (dir.), *Géographie historique et culturelle de l'Europe*, Paris, Presses de l'université de Paris-Sorbonne, 1995.

POMIAN Krzysztof, *L'Europe et ses nations*, Paris, Gallimard, 1990 ; « L'Europe et ses frontières », *L'Europe retrouvée*, Neuchâtel, Éditions de La Baconnière, 1992.

POPPER Karl, *À la recherche d'un monde meilleur*, Monaco, Le Rocher, 2000.

RÉAU Élisabeth du, *L'idée d'Europe au XXe siècle*, Bruxelles, Complexe, 1996.

RESZLER André, *L'intellectuel contre l'Europe*, Paris, PUF, 1976 ; *Mythes politiques modernes*,

Paris, PUF, 1981. – *L'identité culturelle de l'Europe*, Genève, Dossiers de l'Institut universitaire d'études européennes, 1989 – *Le génie de l'Autriche-Hongrie*, Genève, Georg, 1991. – *Les Nouvelles Athènes. Histoire d'un mythe culturel européen*, Gollion, Infolio, 2004.

RODINSON Maxime, *Entre Islam et Occident*, Paris, Les Belles Lettres, 1998.

ROUGEMONT Denis de, *L'aventure occidentale de l'homme*, Paris, Albin Michel, 1957. – *Vingt-Huit siècles d'Europe. La conscience européenne à travers les textes d'Hésiode à nos jours*, Paris, Payot, 1961, réédition Paris, Éditions de Bartillat, 1990. – *Écrits sur l'Europe*, 2 vol., Paris, Éditions de La Différence, 1994.

RUPNIK Jacques et LEQUESNE Christian, *L'Europe des Vingt-Cinq. 25 cartes pour un jeu complexe*, Paris, CERI/Autrement, 2004.

SCHNAPPER Dominique et MENDRAS Henri, *Six manières d'être Européen*, Paris, Gallimard, 1990.

SEMPRÚN Jorge, *Une tombe au creux des nuages. Essais sur l'Europe d'hier et d'aujourd'hui*, Paris, Flammarion-Climats, 2010.

SIMMEL Georg, *La Tragédie de la culture*, Paris, Rivages, 1988.

SLOTERDIJK Peter, *Si l'Europe s'éveille*, Paris, Mille et Une Nuits, 2003.

SLOTERDIJK Peter – FINKIELKRAUT Alain, *Les battements du monde*, Paris, Pauvert, 2003.

STEINER George, *Dans le château de Barbe-Bleue*, Paris, Gallimard, 1986. – *Une certaine idée de l'Europe*, Arles, Actes Sud, 2005.

SZÜCS Jeno, *Les trois Europes*, Paris, L'Harmattan, 1983.

TODD Emmanuel, *L'invention de l'Europe*, Paris, Seuil, 1996.

TODOROV Tzvetan, *L'esprit des Lumières*, Paris, Robert Laffont, 2006.

VALÉRY Paul, « La crise de l'esprit », « Note, ou l'Européen », *Variété. Essais quasi politiques, Œuvres I*, Paris, Gallimard, Bibliothèque de La Pléiade, 1957. – « L'Amérique, projection de l'esprit européen », « La liberté de l'esprit », *Regards sur le monde actuel et autres essais, Œuvres II*, Paris, Gallimard, Bibliothèque de La Pléiade, 1960.

VERLUISE Pierre, *Une nouvelle Europe : comprendre une révolution géopolitique*, Paris, Karthala, 2006.

VILLAIN-GANDOSSI Christiane, *L'Europe à la recherche de son identité*, Paris, Éditions des travaux historiques et scientifiques, 2002.

WACKERMANN Gabriel (dir.), *L'Europe*, Paris, Ellipses, 2009.

WEILER Joseph, *The Constitution of Europe : « Do the New Clothes have an Emperor ? »*, Cambridge University Press, Cambridge, 1999. – *L'Europe chrétienne ? Une excursion*, Paris, Les Éditions du Cerf, 2007.

ZORGBIBE Charles, *Histoire de la construction européenne*, Paris, PUF, 1993.

ZWEIG Stefan, « Les rayons et les ombres sur l'Europe », *Le Monde d'hier. Souvenirs d'un Européen*, Paris, Belfond, 1982.

Du même auteur

L'Étranger et le Simulacre. Essai sur la fondation de l'ontologie platonicienne, Paris, PUF, « Épiméthée », 1983. – *La Métaphysique à la limite. Cinq essais sur Heidegger*, avec Dominique Janicaud, Paris, PUF, « Épiméthée », 1983; réédition Nice-Paris-Montréal, Ovadia, 2010. – *L'Exotisme de la raison*, édition de l'ouvrage inédit (1770) de Nicolas Bricaire de la Dixmérie, *Le Sauvage de Tahiti aux Français*, suivi d'un *Envoi au Philosophe ami des Sauvages*, Papeete, Perspectives Maories, 1989. – *L'Ordre du monde. Platon, Nietzsche, Heidegger*, Paris, PUF, 1989. – *La Naissance de la Raison en Grèce*, dir., Actes du congrès de Nice, PUF, 1990; réédition PUF « Quadrige », 2006. – *Les Œuvres Philosophiques*, volume III de l'*Encyclopédie Philosophique Universelle*, dir., Paris, PUF, 1992. – *Pythagore et les pythagoriciens*, Paris, PUF, « Que sais-je? », 1993; 3e édition revue, 2001. – *Platon et le miroir du mythe. De l'Âge d'or à l'Atlantide*, Paris, PUF, « Thémis Philosophie », 1996; réédition PUF « Quadrige », 2002. – *Albert Camus et la philosophie*, avec Anne-Marie Amiot, Paris, PUF, « Thémis Philosophie », 1997. – *Le Discours philosophique*, volume IV de l'*Encyclopédie philosophique universelle*, dir., Paris, PUF, 1998. – *La Barbarie intérieure. Essai sur* l'immonde *moderne*, Paris, PUF, avril 1999; 3e édition augmentée, Paris,

PUF, 2002. Prix du Cardinal Mercier 2001 de l'Université de Louvain. Réédition PUF « Quadrige-Débats », 2004. – *Heidegger et Hölderlin. Le Quadriparti*, Paris, PUF, 2001. – *Civilisation et barbarie*, avec Denis Rosenfield, Paris, PUF, 2002. – *Heidegger et l'énigme de l'être*, dir., Paris, PUF, 2004. – *De l'indignation*, Paris, La Table Ronde, 2005. – *Platon*, Paris, PUF, « Que sais-je ? » 2005 ; trois rééditions. – *Nietzsche et le temps des nihilismes*, dir., Paris, PUF, 2005. – *La République brûle-t-elle ?*, avec Raphaël Draï, Paris, Michalon, 2006. – *L'Énigme de la pensée*, Nice-Paris-Montréal, Ovadia, 2006. – *La Crise du sens*, Nantes, Cécile Defaut, 2006 ; réédition 2009. – *Le Regard vide. Essai sur l'épuisement de la culture européenne*, Paris, Flammarion, 2007. Prix Montyon de l'Académie Française en 2008. – *Albert Camus et la pensée de Midi*, Nice-Paris-Montréal, Ovadia, 2008 ; réédition 2009. – *Le Sens de la démesure*, Cabris, Sulliver, 2009. – *Jorge Luis Borges et la philosophie*, Nice-Paris-Montréal, Ovadia, 2010. – *L'Identité de l'Europe*, avec Chantal Delsol, Paris, PUF, 2010.